曳家・家起こしの技術

曳家研究会

岡部則之／才上政則／宮崎貴重

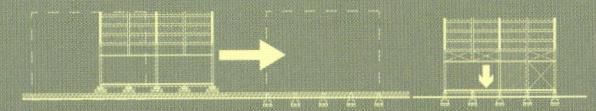

建築技術

曳家・家起こしの技術・岡部則之

内田祥哉
東京大学名誉教授・建築家

　本書は，曳家と，家起こしについて，建築家に解るように書かれた本である。著者である岡部君は，幅の広い建築家で，大谷幸夫さんの薫陶を受けているから，都市計画，都市設計もできる。研究者や，学者が，ほとんどいない「曳家」の世界に，岡部君のような人が興味を持ってくれたので，建築家たちに解りやすい本ができた。

　「曳家」は，建築家なら誰でも知っているが，工事の仕方を知っている人はほとんどいない。だから，工事の仕様を書ける建築家もほとんどいない。見積もりのできる人もいない。そもそも工事の実態を見ている人が少ない。

　私たちが知っている曳家の工事と言えば，今移動中の赤坂プリンスホテル（木造），最近では東京中央郵便局，少し前には，東京工業倶楽部（注：一時移動して免震基礎を造り，原位置に再移動），金沢の北國銀行（注：近江市場改造計画のための移動），さらに以前，話題になったのは，同潤会大塚女子アパートメント。これは，二度にわたって住みながらの移動をしたので有名。いかに閑かに運べるかを見せるために，中で茶事を行ったことでも有名。さらに昔，筆者の個人的思い出には，渋谷駅前にあった銀行（旧山一証券渋谷支店，後に第百銀行から，三菱銀行渋谷支店，ただし現存しない）がある。小学生時代の思い出で，市電の線路の移転に伴って，右や左に何回か移動，回転されたことを覚えている。（本書42頁参照）背の高いものでは，靖国神社の鳥居の例が掲載されているが，筆者の記憶では，東名高速道路の深い渓谷に建つ柱脚を，4m移動させたという記録を見た覚えがある。

　「曳家」の技術は，大学で教えていない，教えられる人がいないからだが，授業では教えられないものかもしれない。授業を聞いてわかるものではなさそうだ。「曳家学」は現代工学の中に無いから，伝統技術とも思われるが，今日の「曳家」は伝統技術だけではできない。最新の重機を使う，最新の計測器も使う。もちろんコンピュータも使う。

　しかし，技術としては，古い時代からあった。戦後何もない時代には，ジャッキも，自社製で作ったそうだ。明治時代には，加藤清

正の作った名古屋城が傾いていたのを「泰西の技術を借りず……八十有余名の工夫を督し……僅か二日間にして……快復するの奇功を奏し」と本書（102頁）に記されている。遡れば，いくらでも遡れる技術である。鉾を動かすのも，曳家と同じ技術であり，古くは石を動かすのも同じで，古墳時代の巨石を動かした技術に遡ることができるという。

　本書は，「家起こし（やおこし）」についても，かなりの紙面を割いている。「家起こし」と「曳家」は同じ職種に属するためであろう。「家起こし」と言う言葉は聞き慣れない言葉であるが，作業を見ると「曳家」に極めて近い仕事である。地震で歪めば「家起こし」に頼んで元に戻す。それが当たり前だった習慣は，すでに過去のことと筆者はいう。そういえば，今は，地震で歪めば助成金の出る期限内に取り壊す，と言うのが常識になってしまった。
　「家起こし」の作業を見ていると，日本の伝統住宅が，柱・梁構造でないことが，よく解る。柱・梁構造で，ラーメンや，トラスのようなものだったら，接合部が傷付いて，倒れかかった家が簡単に直るわけがない。柱で囲まれた壁で，水平力に耐える壁構造なのである。柱と横架材の接合部に力が伝わらないでも，壁で結合されていることが重要なのである。動物の骨同士が，筋肉で結合されているような構造である。直す時には，ワイヤーで曳くよりは，押しジャッキを主体にすると云うのも余り知られていない。文化財の木造建築は，今でも，地震，台風，水害などの災害で倒れると，直ちに建て起こしている。何故昨今は，民家が取り壊されなければならないのか？　筆者の言うように，「家起こし」と言う言葉が忘れられてしまったからであろう。

　最後に，著者は「都市は歴史と文化の連綿とした蓄積の結果であり……建築家は歴史の本質を継がなくては」と結んでいる。
　どんな技術も，時代とともに代わる社会の要請によって，その価値も変わる。だが，「曳家・家起こし」という技術は，日本建築の歴史とともに育まれ，何時の時代にも，社会に存在してきた。歴史があるということで，先端技術とは，かけ離れた伝統技術のように見えながら，先端技術の道具を駆使し，それぞれの時代の社会に貢献している。道具は先端，知恵は伝統と言うべきか。
　将来もっと新しい道具が現れれば，さらに進歩する技術に違いない。「曳家・家起こし」は，伝統技術ではなくて，常に進歩する，現代技術と見るべきではないか。

まえがき

　東日本大震災の被災地に佇み，何もなく撤去だけが進む光景を幾度も見た。これまでより，撤去される建物が多く，別な世界の光景が現れる予感がする。何故に，これほどまでに撤去されなければならないのか，都市の歴史も習慣も，災害を契機に無残にも断絶してしまう。

　もともと私たちは，壊れたものを直して長く使う習慣があり，遠い時代からものを大事にしてきた。建物を長く使う技術も長い年月を経て洗練させてきた。

　曳家（曳舞）は建物を新たな場所に移し，生き返らせる当り前な技術であった。地震や風で家が傾けば，家起こしで元に戻した。しかしこの知識経験は，今では限られた人の伝承技術になってしまった。

　今時代は高資源消費時代から，持続可能な世界に急激に展開している。同時に，世界遺産の登録に際し，歴史・文化を持続させる大事さも世界中から教えられた。私たちのグループは偶然のきっかけから，古い建物を再生できる技術を知り，多くの場所で応用してきた。この手法を秘伝にしてしまうのではなく，建築に関わるすべての人に知らせることは，現在では意義あることと思うようにもなった。

　今回，この技術を実践した昔からの曳家研究会と称していた仲間が集まり，私たちの知識を纏めることにした。本書では，第Ⅰ章は特に曳家に焦点を当て，その移動の歴史と曳家の歴史，技術を解説，第Ⅱ章では数多くある曳家の中から典型的な実施例を紹介，第Ⅲ章では家起こしによる木造建築の修復，あるいは杭が破損して傾いた重量建造物の修復などの実例を解説する。

　この曳家（曳舞）技術を研究し実践する契機となった，岡部則之の師である故・大谷幸夫先生に本書をもって，感謝を奉げたい。

2013 年 9 月吉日

曳家研究会
岡部則之
才上政則
宮崎貴重

目次

曳家・家起こしの技術・岡部則之　内田祥哉——————002
まえがき——————005

第Ⅰ章 重いものを動かす
　——1.——石を動かす——————010
　——2.——山車を回す——————012
　——3.——家を動かす——————015
　——4.——重いものを曳く職業——————015
　——5.——現代の家曳き——————016
　——6.——曳家の概要——————017
　　　　1）現代の曳家
　　　　2）移動の方法
　　　　3）移動経路による名称
　　　　4）上下方向の移動
　　　　5）曳家の分類——牽引法と押進法
　　　　6）転動装置
　　　　7）曳家の推進力の例
　　　　8）今後の展望
　　　　9）海外の曳家専業者の歴史
　　　　10）計画

第Ⅱ章 曳家の実施例
　——1.——昔の重量鳶による曳家——————038
　　　　【靖国神社】038
　——2.——鳶と近代技術の融合——————042
　　　　1）東京都の戦後復興計画
　　　　【旧山一証券渋谷支店（旧三菱銀行渋谷支店）】042
　　　　【新宿聚楽ビル（飲食店ビル）】044
　——3.——名古屋市の戦災復興事業——————047
　　　　【名古屋市の曳家】047
　——4.——宿舎に居住しながら移動——————052
　　　　【ブリヂストンタイヤ株式会社東京工場宿舎】052
　——5.——建物保存のための曳家Ⅰ——————056
　　　　【京都旧二条駅】056
　　　　【奈良駅舎】058

　　　　　【旧横浜銀行本店別館】061
　　　　　【旧鹿児島県庁舎本館玄関】064
　　　　　【北國銀行武蔵ヶ辻支店】067
　　　　　【日本工業倶楽部会館】070
　　——6.——新幹線建設に伴う曳家————073
　　　　　【加藤智彦邸 土蔵】073
　　　　　【加藤智彦邸 長屋門】075
　　——7.——都市再開発による移動————078
　　　　　【亀戸浅間神社】078
　　——8.——平屋建を2階建に改築————081
　　　　　【万福寺本堂】081
　　——9.——建物保存のための曳家Ⅱ————084
　　　　　【千葉市美術館・中央区役所】084
　　　　　【台湾高雄駅舎】089

第Ⅲ章 家起こし
　　——1.——家起こしの技術————094
　　——2.——家起こしによる民家修復方法————096
　　　　　1）家起こしによる修復方法
　　　　　2）曳家による修復方法
　　　　　3）家屋を持ち上げて修復する方法
　　——3.——家起こしの実施例————099
　　　　　1）民家修復例
　　　　　【板本勝雄邸】099
　　　　　2）歴史的建造物の修復例
　　　　　【名古屋城天守閣】102
　　　　　【東大寺大仏殿】102
　　　　　3）昭和・平成の建物沈下修復
　　——4.——伝統的な安全性の維持の技術————104
　　　　　1）建物の持ち上げ方
　　　　　2）建物下の掘削方法
　　——5.——重量建築物のレベル修復技術————105
　　　　　1）ジャッキダウンによるレベル修正例
　　　　　2）ジャッキアップによる傾斜修復例
　　　　　3）学校建築のジャッキアップによる傾斜修復例

あとがき————108

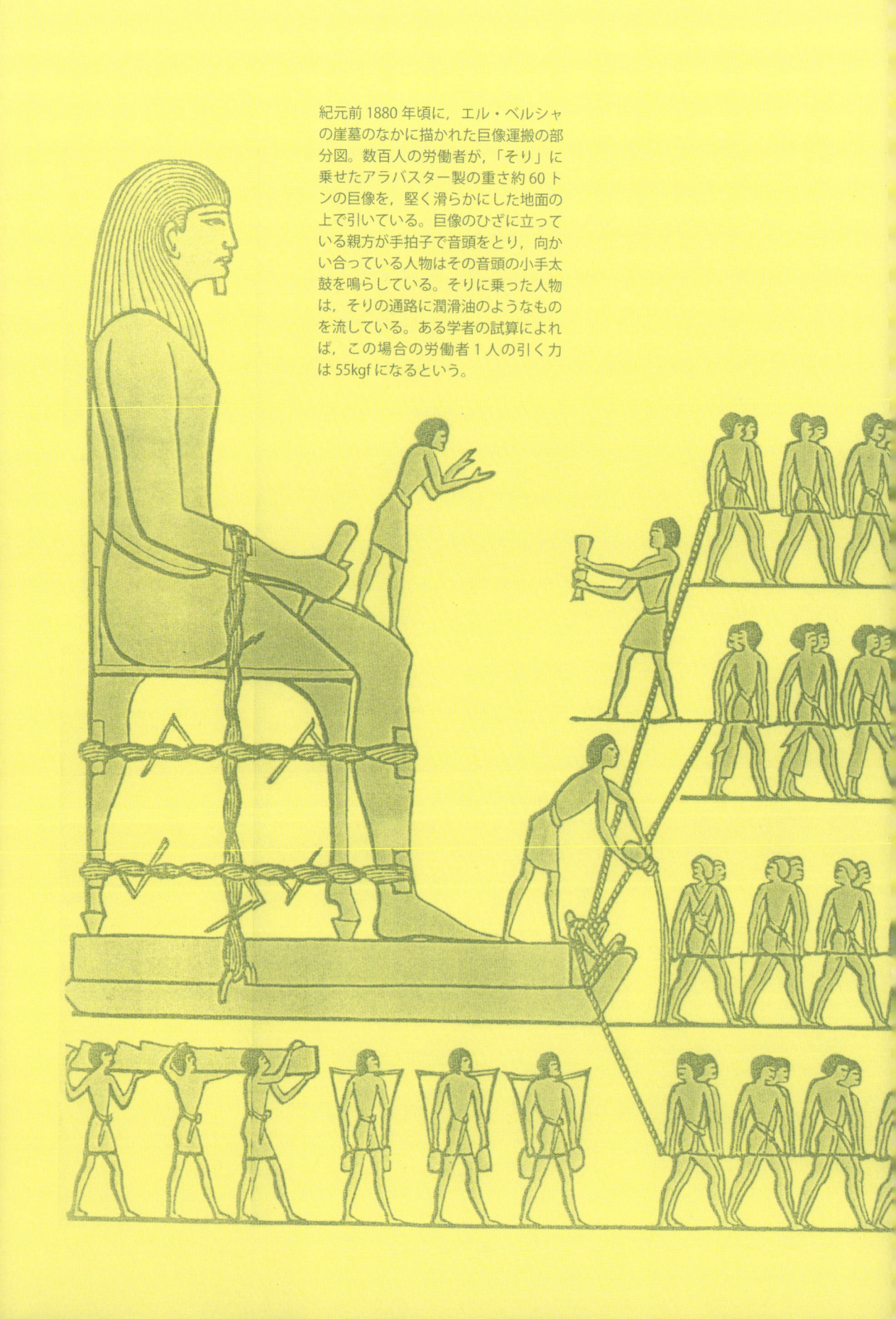

紀元前1880年頃に，エル・ベルシャの崖墓のなかに描かれた巨像運搬の部分図。数百人の労働者が，「そり」に乗せたアラバスター製の重さ約60トンの巨像を，堅く滑らかにした地面の上で引いている。巨像のひざに立っている親方が手拍子で音頭をとり，向かい合っている人物はその音頭の小手太鼓を鳴らしている。そりに乗った人物は，そりの通路に潤滑油のようなものを流している。ある学者の試算によれば，この場合の労働者1人の引く力は55kgfになるという。

第Ⅰ章　重いものを動かす

1. 石を動かす

　エジプトのピラミッドやスコットランドのストーンヘンジ，中国の万里の長城などの巨石建造物の構築には，材料の巨石を運ぶ技術が必要であった。昔の重量物の移動の方法については，ピラミッドの石積みが典型例と思われる。ギザのピラミッドは，約12tの石を260万個も積み上げて建造された。これらの巨石は水路，陸路を経て運ばれて来たと考えられ，移動に際し，転子（コロ）やそりを使用していたと，推測されるが詳細は不明である。

　今から約3000年前に建設されたバールベック神殿の基壇には750tもある巨石が積み上げられ，三つの驚異の石（トリリトン）と呼ばれている。また，バールベック神殿から南西700km離れたレバノンの首都ベイルートから，北東85kmのベーカー渓谷には高さ4.1m，幅4.6m，長さ21m，重量にして1,000tを超える重量の切石が放置されている。バールベック神殿の基壇をつくったセム族は，どのようにしてこの巨石を切り出したのか，どのようにしてこの長い距離を運搬したのか，現在の技術を使っても困難である。

　500年から600年前に，ペルーのインカ帝国の『6枚の屏風岩』も，どのように運ばれたか未だに謎に包まれている。巨石1枚の大きさは高さ6m，幅2.5m，重量が50tから80tもある。切り出し場所は川向こうの山中であり，そこから標高330mの地点へ如何に運搬したのか謎である。同様に，ペルーのインカ帝国マチュピチュに使われた石も，都市の下界600mから切り出されているが，どのように運ばれたのか。さらには，鉄器を持たなかったといわれるインカの人々がどのように切り出したのかについても不明である。

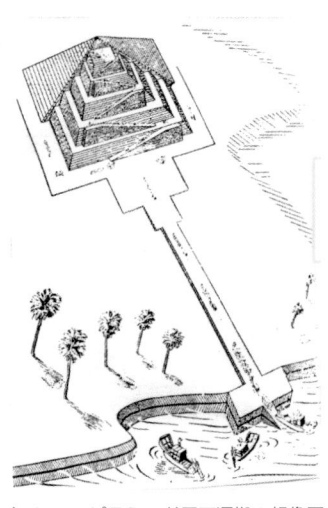

▶01──ピラミッド巨石運搬の想像図

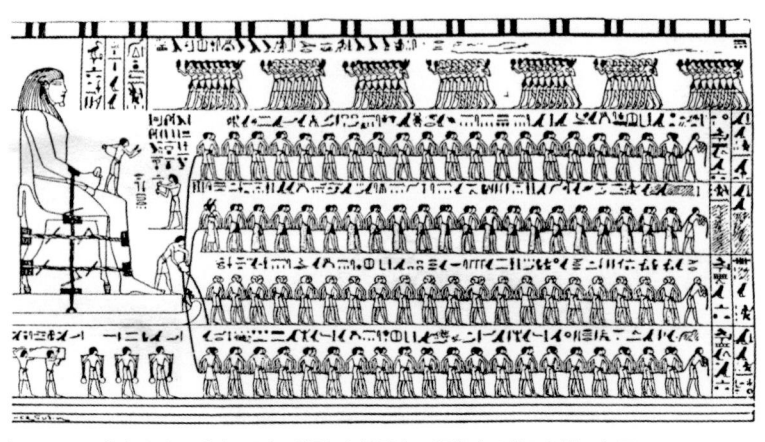

▶02──石像をそりに乗せ，石切り場から神殿まで運搬する様子を描いた図
　　　　（図の解説は8頁参照）

わが国で昔の巨石運搬について重要なことは，1978年大阪府教育委員会は藤井寺市三ツ塚古墳から運搬に使われた橇・修羅を発見したことがある。

これらは古墳時代のもので，発掘後14年の歳月をかけ保存処理した後に，大きい修羅は大阪府立近つ飛鳥博物館に，小さい修羅は藤井寺市図書館に展示されている。引き揚げたのは，保存に協力を申し出た重量物運搬会社の阿知波組（現・アチハ㈱）である。

この修羅が使われた時代については，5世紀あるいは7世紀の2説がある。いずれにせよ，1300年から1600年前に巨石などの重量運搬にこのような橇・修羅が使われていた。

▶03──引き揚げられる大修羅（写真提供：大阪府教育委員会）

修羅（三ツ塚古墳出土）
修羅の右にある棒は輸送の時に使われた「てこ棒」とみられている。

修羅はインド神話の阿修羅のことで，何事にも動じなかった帝釈天を動揺させ，動かしたことが大石を動かす木橇を修羅と呼ぶようになったともいわれている。これについては，1446（文安3）年「塵嚢鈔（あいのしょう）」に次のような記載がある。『石引物を修羅ト云ウトハ何事ゾ，帝釈大石ヲ動カス事。修羅ニアラズバアルベカラズ』と記されている。562年百済から仏教が伝えられたころの話で，古墳時代から法隆寺が建立された飛鳥時代にも修羅は使われていた。

その後，東大寺や唐招提寺が建立された奈良時代，平安時代，鎌倉時代に入り，鳥羽僧正覚猷（かくゆう）の筆と伝えられる作者未詳の鳥獣人物戯画断簡（丁巻）十一，十二，十三紙に大きな丸太を小さな丸太と梃でこね，人が長い綱を掛けて引く渡り木遣りの様子が描かれている。この頃には，御木曳きも行われている。御遷宮対策事務局（伊勢商

011

工会議所）によると，陸曳きには木橇や二つの車輪を持つ大八車の構造の奉曳車（16頁．▶14）に乗せ，奉曳団が「エンヤ，エンヤ」と曳いた。

　江戸時代の1605年から1615年にかけて，築城図屏風に石曳きの様子が描かれている。これもやはり人力によるものである。その後の重量物運搬の道具としては，山師の道具に見られる木馬と呼ばれる木橇があった。これは，樫の木でつくられた橇を人力で曳くものである。桟木を路盤に敷き，その上を滑らすものであった。移動路盤は，水平か下り坂での使用となる。登り坂では材木の小口にトッカンと呼ばれる金具を打ち込み，馬や牛に曳かせた。ロープを引くのに，1955年頃から1975年頃までは，カグラサンと呼ばれる手動ウィンチがあった。これは特に漁師たちが漁船を陸に上げる際に使われ，4人ないし8人で縦に建込まれた軸を，それに直交した幹棒で回すものである。歯止めが付いていて，巻いたロープが逆廻りしないような構造になっていた。

　このようにわが国でも，巨石を運ぶ独自の技術が発達していた。特に中世以来，城壁の石垣を組むには多くの巨石が必要であり，必要な石材を石切り場から受け場，受け場から現場までは，人や牛馬で移動する必要があり，さまざまな技法が使用された。その中でも，特に"万力取り""滑車吊り""枕渡し""修羅送り"などの技法で移動したといわれている。

　特に修羅送りは石引といわれ，丸太のころの上に台を置き，その上に大石を据え，大人数で曳いた。ものの本によると，江戸城の増築を仰せつけられた加藤清正は，船着き場であった芝浦から，木遣りを歌いながら，大勢の人夫に江戸城の巨石を曳かせたといわれている。

2. 山車を回す

　江戸の鳶の話によると，関東では重量物を運ぶには"コロ"の代わりに割竹を敷き，それに水を撒き，滑りやすくして動かすのが普通のことだったらしい。この技術は，山から木や石を運び出す手法の石引法の応用と思われる。この石引法は，現在でも京都の代表的な祭りである祇園祭りの山鉾巡行での河原町交差点での辻回しに見られる。

　辻回しとは，毎年7月に開催される京都祇園祭りのクライマックスに行われる山鉾巡航での鉾（曳山）の方向転換のことで，鉾は高さ24m（80尺）前後，重量は8.5t〜12tもあり，40〜50人

の曳子で曳く。鉾の車輪は直径1.8m（6尺）前後あり，軸は固定されているため，曲がるときは水を撒いた割竹の上を滑らせて方向転換を行う。鉾の前部に乗った2人の音頭取の合図で方向転換を行い，90度回転するのに3〜5回曳き直す。

宮大工の大野清氏の話では，山鉾巡行のように，昔は割竹を使って建物は動かした。青竹を割り，背と背を合わせお互いに直行させて滑らせた。この技術は京都の町屋のように敷地境界いっぱいに家を建てるために，狭所側では外壁が施工できないので，3，4尺手前で壁の仕上げをした後に，するりと動かしたという。建物スライド工法のはしりで，関西に多い連続した町屋の施工に使われた。

このように重量物を移動するのに，コロを使うか割竹の上を滑らすのかは，関東と関西の違いがあるかもしれないが，地域的な区分は判然とはしない。

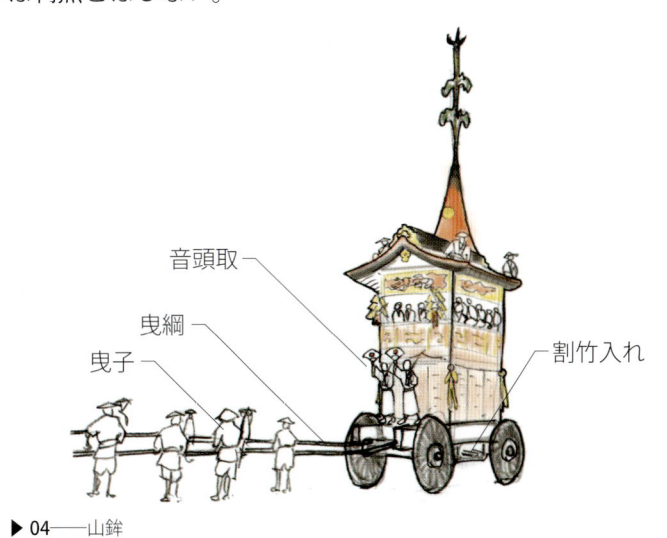

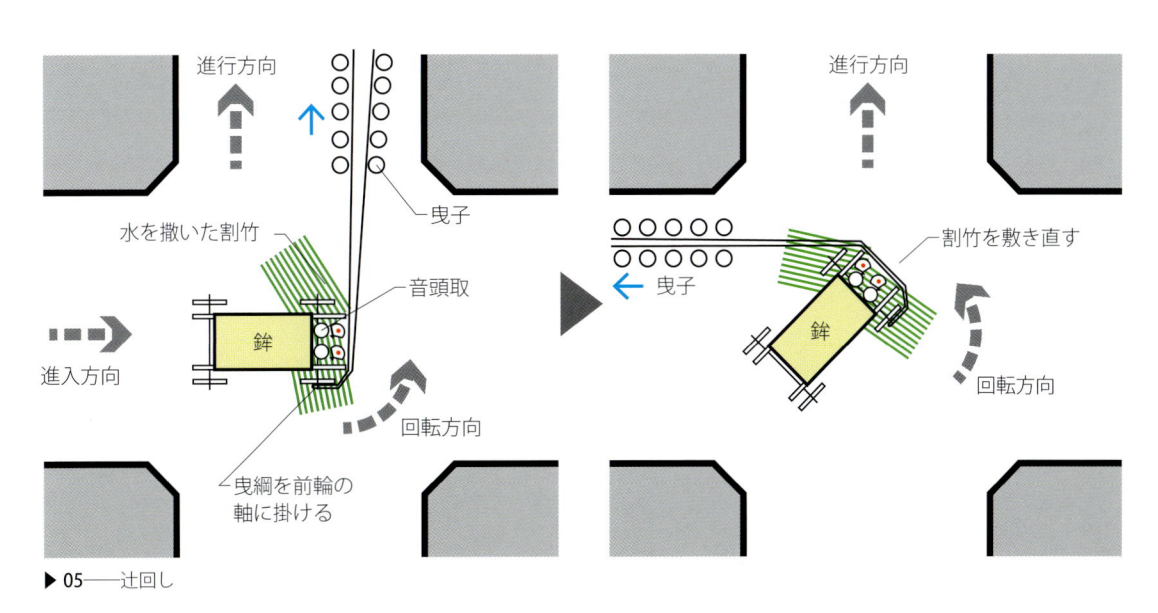

▶ 04──山鉾

▶ 05──辻回し

▶ 06──回転位置に割竹が敷かれ，その上に水が撒かれる

▶ 10──割竹を敷き直す

▶ 07──割竹の上に移動する鉾

▶ 11──方向転換が終わると割竹は鉾の下部に収納

▶ 08──曳子が回転先の道路に移動し，曳綱は前輪の軸に巻かれる

▶ 12──割竹は外皮側を上にして回転方向と平行に敷く。鉾の前部に乗る音頭取の扇の動きと掛け声に，曳子は綱を引くタイミングを合わせる

▶ 09──鉾前面に乗った音頭取の合図で回転する

▶ 13──辻回しの終わった鉾

3. 家を動かす

巨石ではなく，建造物を水平に移動する技術は"曳家"あるいは"曳舞"というが，曳家では木製のコロが多く使用されたと想定される。一方，前述したように地域によっては，割竹を組み合わせて使用されていた。

戦後は，鋼棒のコロが鋼製のレールと組み合わせて一般的に使用されていた。海外のスイスで行われている曳家でも，鋼製のコロとレールの組合せが使われている。中国では，鋼管にコンクリートを詰めたコロを用い，レールはコンクリート製の布基礎のような軌道敷を利用している。

特に人家を動かす曳家の例は，歴史的には，長岡造形大学の飛田範夫先生の談では，文献によるとすでに室町時代に2件，この方式の曳家の例が記されているという。

4. 重いものを曳く職業

江戸時代には，特に重量物を運ぶ職業に算段師という職業があった。石，巨木，人家であれ何でも重量物を持ち上げ，曳いて移動させることを生業にしていた。現代での重量鳶の前身である。

大正14（1925）年に荒川から引き揚げられた巨石（おおむね15tの重さ）は，寛永年間（1624年〜1644年）に行方しれずになった巨石であることがわかり，そこには工事を請け負った算段師田口忠吉の文字があった。

江戸時代から明治時代にかけて，算段師と呼ばれる人の中から曳家を専業とする鳶職へと移り替った職人集団がいた。江戸時代から算段師として曳家や重量物の運搬を生業とし，現代でも一般建築工事，一般土木工事，旧家の修復工事を手がけている富山の㈱吉田組，明治時代に創業した㈱後藤曳家工業所，㈱中部移動建設，㈱恩田組などがあり，鹿児島県の㈱大城（旧大城組），名古屋の㈱山圓工業，新潟の㈱高辰組，北海道の英秀外田㈱（旧英秀外﨑組）など，全国に家の修復を行うことを生業としている職人集団が典型であろう。

沖縄でも，職人の話によると，台風で家が基礎からずれたとき，衆人で家を抱え，元の位置に動かすことが多かったらしい。15年ほど前に，台湾の高雄市で旧高雄駅を移動する工事が日本企業により行われた。その計画段階で日本側関係者が，台湾スタッフから「移動の際は何人で曳くのか？この建物であれば2,000人から3,000人は必要だな」と真面目にいわれたと聞いた。確かに推進力は重量

の3〜5％と考えられ，建物総重量2,500tとすると，推進力は計75tから125t，全員が力を合わせて，一人当たり40kg程度の曳く力を合わせると，全員で80tから120tくらい曳ける力になり，確かに動かせる。しかし，曳くロープを掛ける位置もなく，日本側技術者にはそのような発想すら浮かばなかった。台湾では，昔は500人くらい集めて，実際に建物を曳いたという。明治以降もかなりの例が記録されており，ごく一般的な台湾の町鳶の技術であった。

　今回，靖国神社の鳥居の曳家を調査中に，曳家工事の誘因となる神門建設工事の巨大な柱の移動写真が記録保存されているのを見つけた。大柱の御曳きは八つ車を使用し，構内での移動には，曳家の転動装置と同じ木製レールに，コロが使用されている。

▶14──神門用材運搬（靖国神社神門竣成記念写真帳より）　　▶15──柱運搬（靖国神社神門竣成記念写真帳より）

5. 現代の家曳き

　明治時代以降，新しい東京に向かい，旧い江戸の街を整理するのに多く曳家が採用された。身近な例では，前述の靖国神社の境内の青銅製の巨大な第二鳥居が昭和8（1933）年に移動されている。その後の昭和20（1945）年から30年代の戦災復興時期は曳家の最盛期と考えられ，戦災復興事業やその後の土地区画整理事業，街路計画などに多く採用されている。特に，名古屋の戦災復興計画の100m道路計画では，新しい形の機械力を駆使した移動工事，曳家が多く採用された。

　戦後すぐに，岐阜を起源とする安部工業所（現㈱安部日鋼工業）が独自の移動技術を開発し，わが国の伝統技術を組み込んで，多くの「曳家」を名古屋市発注事業で行っている。その中でも，戦災を受けた鉄筋コンクリート造7階建の「旧万平ホテル」の移動工事には旧建設省建築研究所も参加し，詳細な技術的検討が行われている。

元請であった鹿島建設㈱技術研究所には，詳細な「報告書」が残されている．これに続いて名古屋市の一連の曳家事業の中でも，昭和33（1958）年に行われた鉄筋コンクリート造地下1階地上4階建の朝日生命保険旧名古屋支社の曳家は，既設の道路を超え，南に180mさらに東に80m移動させている．昭和37（1962）年には，鉄筋コンクリート造地下1階地上6階建，延床面積9,470m^2，総重量20,000tの滝兵ビルを，ビル内部では通常業務を続けながら，地下階ともに移動させている．

　その後，建物内部で生活をしながら移動させる方法が流行し，東京では入院患者はそのままにして病院を移動させている．同潤会の江戸川アパートでは，道路拡張に応じて，居住者をそのまま生活させながら，道路を避けるように移動させている．また，ブリヂストンの宿舎は居住を続けながら建屋を移動させている．しかしこの方法も，現在では建築基準法上問題視され，技術的には可能だが，法的には実施が困難になっている．

6. 曳家の概要

1）現在の曳家

　現代曳家の技能集団は，前述の岐阜・名古屋を中心とした安部源三郎が戦後設立した安部工業所（現㈱安部日鋼工業）と，名古屋の大型曳家事業で，同社で技術を学んだ間瀬敬巳が帰京後，設立した間瀬コンサルタントが国内の算段師や重量鳶と組んで，重量建築物の移動工事を多く行い，技術を先導してきた．

　東京では，昭和24（1949）年に渋谷駅周辺戦災復興事業により，渋谷駅西口の旧山一証券渋谷支店の鉄筋コンクリート造地上3階建の建物を移動させている．この工事は間組（現・安藤ハザマ）により行われたが，実際の技能集団は重量鳶が主体で行われたらしい．その後も多くの曳家が，新しい技術により行われた．昭和40年代は特に多く実施され，50年代までは数多く行われていた．高度成長期に入ると，巨大建築の建設が容易となり，旧建物は解体されることが多くなった．その後は一部銅像の移動などが行われるのみで，大規模な移動工事はなく，ほとんどが小規模の木造建築や社寺の移動が全国で行われていた．

　平成になって，京都の旧二条駅舎の曳家に学んだ建築家大谷幸夫と大谷研究所が計画した千葉市美術館・中央区役所の設計では，現地に位置する旧川崎銀行千葉支店の保存工事に曳家が採用された．それ以後は文化財的建造物の保存技術として蘇り，横浜銀行本店別

館の保存や栃木県庁舎の保存，最近の例では旧首相官邸，平成19（2007）年には金沢市にある村野藤吾設計の北國銀行金沢支店，あるいは日本工業倶楽部などの保存工事の手法として採用されており，保存技術の一手法として認められている。

　一方，本来曳家や石引が持っていた，お祭りの性格も一部では復活し，東京都町田市にある勝楽寺本堂の曳家では，多くの檀家と市民が参加し，住職とともにいっせいに楽しそうに綱を引く様子が先年テレビで紹介された。実際の移動はジャッキによる押進法だが，あたかも昔風の綱かワイヤーを皆で楽しく曳く工法のイベントで，多くの人々が参加したお祭りでもあった。

　海外でも，保存技術としの応用例が多く報告されている。スイスではチューリッヒ駅舎近くの大規模な近代工場が線路拡張により，保存のために移動されている映像がNHKで放映された。数年前には，中国河南省安陽市の慈源寺が高速道路建設のために450m移動されたとNHKの海外ニュースで報じられた。この寺院は唐代貞観年間（627〜649年）に建立された古刹で，この移動はかなり大がかりなものらしく，「人民網日本語版」の2006年5月15日号にも記載され，中国語によるインターネットにも詳細な報告が記載されている。

　この工事では高速道路建設に際し，古代遺跡を守るため寺院全体を移動した。各寺院は石造で，移動のためにつくられた巨大なコンクリート製の基礎の上に各寺院を乗せ，その全部を移動させた。写真で見る限りでは，わが国とは異なり鋼製レールではなくコンクリート製の専用路の上を，コロで移動している。

　スイスの例も，近代建築の保存建造物を線路の拡張に伴い移動しているが，移動に要する装置（転動装置）はほぼわが国と同じで，鋼製のコロとレールを使用している。

　日本の移動技術は，昔から鳶の伝統的技術があるが，安部工業所の社史によると創立者の安部源三郎は日本古来の手法に，海外の文献で見たジャッキなどの近代技術を採用したと記載している。これによると海外では，すでに当時進んだ技術が存在したと思われる。スイスの移動法は，ほとんど日本の技術とは変わらないので，日本が学んだ方法かもしれない。しかしながら，日本で多く行われている建物の回転や上下移動の技術力は不明である。

2）移動の方法

　重いものを動かす力は，古くは人力か牛馬であった。これらの方法では，押すよりは曳く方が容易で，牛馬や多くの人が同時に参加

できる。石引や御柱曳き，祭礼の山車曳きなども，綱やロープを大勢でお祭りのように曳くことがほとんどである。現在の曳家でも，軽量の木造建屋の曳家はコントロールしやすく，反力も取りやすいので，ワイヤーを電動ウィンチ，簡単に人力で動かせるチルホールを利用して曳くことが多い。昔は八つ車や神楽さんなどを使用して，大人数で巻き上げる機器が使用された。安部工業所（現㈱安部日鋼工業）が実施した小浦東小学校の移動工事では，ジープのウィンチを使用して移動させている。

この引っ張る方法は力をかけやすいが，綱やワイヤーの弾性による伸び縮みが建物に振動を与えるという配慮から，現在では石造や鉄筋コンクリート造の建物も，移動にはジャッキで押して動かすことのほうが多い。

前述の渋谷の旧山一證券での曳家はワイヤーによる曳きで動かした。名古屋の安部工業所の一連の工事は，創業者が海外の文献で知ったといわれるジャッキを使用している。前に進める力の推進力を得る反力は，ワイヤーでは人間が足で踏ん張るか，ウィンチなどを一定位置で地面に固定しておけばよい。押す場合は推進力となる反力は常にジャッキの後方であり，建物と一緒に移動する。この反力を連続して得ることは難しいが，伸びはなく建物への悪影響は少ない。

反力を得る方法として，現在は転動台の上のレールに一時的に取り付けられたクランプを使用している。当初は切土した後ろの崖に丸太をあて，進むにしたがってジャッキの後ろに丸太を付け足した例もある。また，ジャッキを直接建物に接触させずに丸太を介して建物を押し，その押し棒を付け足して建物を押し続けた例もある。この場合は，つないだ丸太が座屈しないような補強が必要であった。その後は一時的に，強固なチェーンを建物前方のレールの先端から後方に巻き，これにジャッキの後部を当てて反力を得ていた。この方法は原始的ではあるが，クランプ方式と同じで原則無限に移動できる。

現在では，ほとんどが移動用レールの上に備え付けられたクランプにより反力を得ている。これにより，作業時間の効率化が図られた。このクランプ方式は，前述の名古屋市の旧万平ホテルの移動に際し，反力を得るための作業時間がジャッキの実働時間より長いので，旧建設省建築研究所が効率化を提案して実験され，それ以後一般的に使用された。現在入手できる記録によると，戦後初めて機械化による曳家を行った名古屋の旧万平ホテルの記録からは，平均移動速度は毎分6mm程度であるが，現代の記録は毎分26〜30mm

程度であり，約5倍以上に効率化されている。また戦前の記録では，靖国神社の鳥居の移動で，最初の日に移動距離84mの80％を最初の日に曳いたと記録されており，推定毎分20mm程度と考えられる。

　移動工事には，平面的な水平移動だけではなく，平面的な回転や，三次元的な上下移動の技術も含まれている。特に近年は高性能のジャッキが入手しやすく，また土木では橋梁設置などの重量物の精密な上下移動の経験も多くなり，建築関係でも使用されることが多くなった。一般的な水平移動工事であっても，移動地盤面の取り方により，上下移動が必要となる。容易な水平移動の場合は，水平に移動するようにすれば安定して移動できる。特に木造建物の移動の場合は，上部の木構造の部分のみ動かし，旧基礎は破棄し，新基礎を新設することが通常行われている。この場合は建物が上下に動かないようにしながら，建物下に駆動装置（架台とコロとレールなど）を設置し，移動地面が低ければ，レールの下を塞ぐなどして高さを調整，高すぎれば切土をして平らに調整する。

　コンクリートや石造の建物は基礎と一体になっており，通常は基礎も一緒に移動する。この場合，基礎は地中にあり，移動基盤面を基礎下のレベルまで切り下げるか，埋設配管などがあり，切り下げられない場合は逆に建物を揚げて移動し，目的地に移動後，建物を降ろして定着する。この建物を上下に移動させることに経験を積み，曳家工事以外の工事でも建物上下移動が多く行われている。

　曳家の平面的な移動方向は，容易な建物の直角方向から，斜め移動，回転移動，さらに上下移動が加わった複雑な移動法がある。

　移動の軌跡に対して，名称がある。建物の縦軸や横軸に対して平行に移動することを「直移動」，軸に対して斜め方向に移動する場合は「斜移動」と呼ぶ。軌跡が円弧となる場合は「回転移動」と呼ぶ。移動の軌跡の選択は，直移動，回転移動や斜移動の組み合わせになることもあるが，これらの盛替えを極力少なくすることと，最少距離で移動することが建物に対しても負担が少なく，かつ，経済性もよい。

3）移動経路による名称

単純な平面移動の例は多く，次図に示すような移動経路がある。

直角方向に曳く

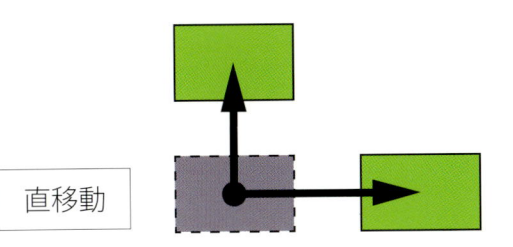

直移動

▶ 16——直移動例

斜め方向に曳く

斜移動

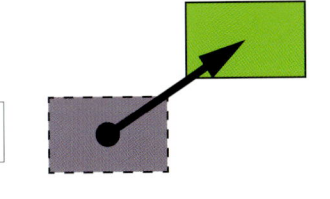

▶ 17——斜移動例

回転させる

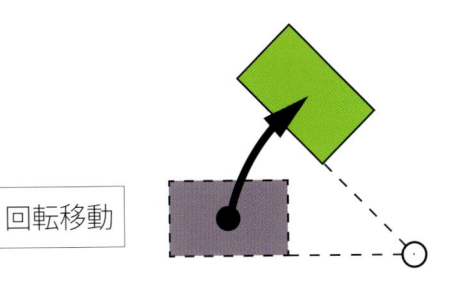

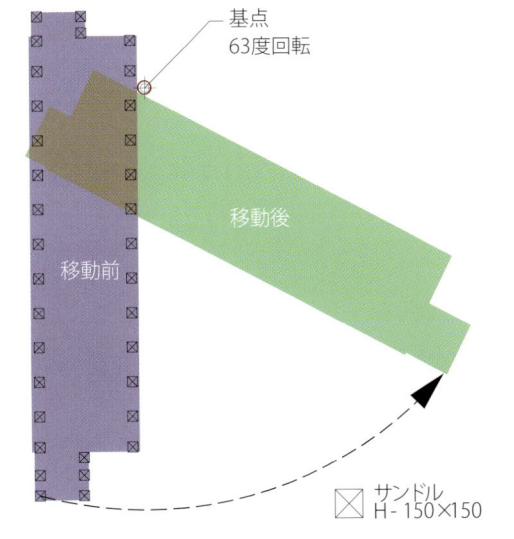

回転移動

基点
63度回転

移動前
移動後

サンドル
H-150×150

▶ 18——回転移動例

4）上下方向の移動

　上下方向の移動，ジャッキアップ・ダウンは，建物の重量を保持できる地盤などにジャッキを設置し，上下方向に圧力をかけるが，安定させることが難しい。当然，降ろす方が揚げるより制御が困難で，原則建物を保持しながら圧力を抜いていく。同時に，全面を水平に上げ下げすると，水平方向は不安定になり，建物が倒れることもある。そのため，1端を常時固定し，他端のみ揚げ，水平方向の移動を制御し不安定さを解消する。すなわち，傾かせて，真っ直ぐに戻し，逆に傾かせる工程を繰り返す。ジャッキのストロークが最大まで（上昇時）あるいは最少（下降時）まで移動したら，建物荷重を別なステージ（サポートジャッキ）で受け，ジャッキの位置を変えて，再度同じ工程を繰り返しながら目的の位置まで移動させる。この技術は経験と伝統に由来する。

　この技術は，現在問題になっている原子炉の廃炉への応用が可能である。日本初の実験用原子炉の廃炉に際し，小型であったため，隣接地に廃炉室を設け，そこまで吊り上げ，水平に移動して納めた記録がある。この技術は廃炉方法の一つとなっている。将来多数の廃炉が予想される原子炉の処分には，重量物の移動にすでに技術が確立されたナイロン板などの摩擦が少ない承（しょう）を使用すれば，廃炉室まで移動させることは困難ではない。今後，原子炉は廃炉時のことも考慮し，移動できるように設計しておくことが肝要である。

　この例として，将来の沈下を予想している関西国際空港旅客ターミナルビル建設では初めからジャッキアップが可能なように計画され，竣工後現在までに数回建物の沈下を解消するようにジャッキアップされている。

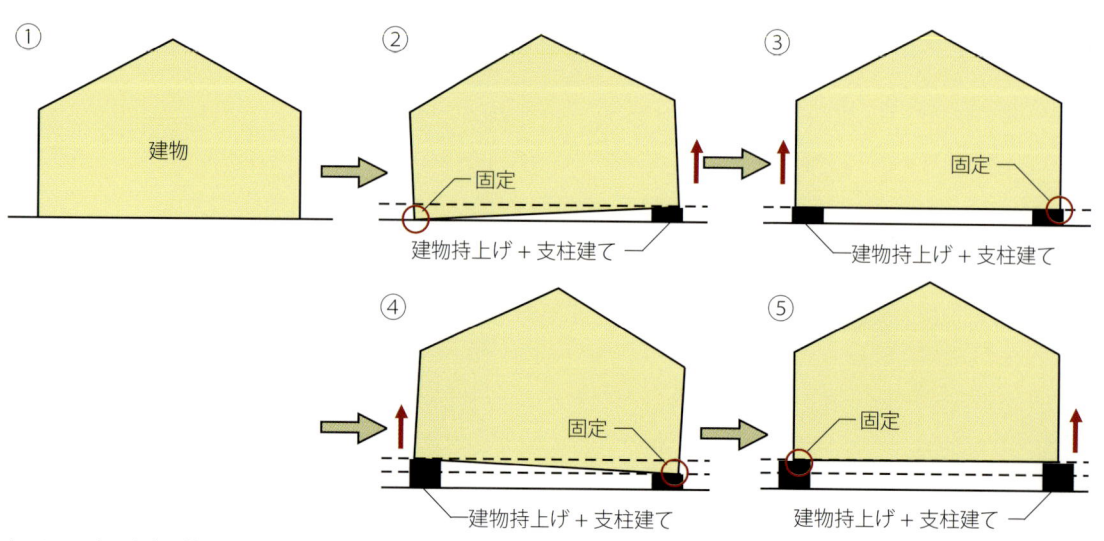

▶ 19——上下方向の移動工法

5）曳家の分類——牽引法と押進法

　曳家はその移動推進力により，大きく分類される。昔からウィンチ，神楽さんなどにより，巻き上げるワイヤーやロープを介して建物を曳く「牽引法」がある。

　この工法は特殊な機器を用いないため，昔の曳家や現在も小規模建築の曳家に多く利用されている。一方，推進力の大きさと，ハンドリングの容易さ，力学的コントロールのしやすさから，ジャッキで押す方法が大型曳家では主流となっている。これを「押進法」という。

　また，移転させる建物の上下移動や移動させる建物断面で分ける施工分類法がある。建物を移動させるには，建物下に移動装置を設ける。これを"転動装置"といい，この装置のために躯体底面から地盤面まで500mmの空きが必要であり，通常の工事では躯体下面から約700mm下まで掘り下げ，十分な地耐力を確保した後，コンクリート板を打設し，レールを始めとした転動装置を設置する。このために，躯体底面から最少500mmの空きが必要である。簡単な方法は，建物をその位置まで持ち上げてしまう。移動の途中に障害物がなければ，建物のレベルを当初に固定し，地盤高さを調整する。すなわち掘削して，全部平にするか盛土することが考えられる。この工法は，木造建築物などの簡単な構造に多く採用されている。コンクリート造などの重量物の場合は，基礎下を掘削する。しかし地下がある場合，この方法では掘削土量が膨大になり，工費が嵩む。このため地下を切断し，地下を残していく切断法が考えられた。移動途中に障害物がある場合，また市街地道路などを横断する場合は，元の敷地で移動建物をジャッキアップし，移動後の建物設置時にはジャッキダウンして本来のレベルに戻す。これを「浮揚沈下法」という。この工法は，また地下のない場合，基礎をそのまま移動する「無切断工法」と組み合わされることも多い。

　移動工法は，おおむね次の分類に分けることができる。

　建物を，基礎ごとすべて移動することを「総移動工法」という。建物を切断し移動することを「切断工法」という。建物を現状の高さで移動することを「無浮揚工法」といい，建物を現状の高さから揚げて移動することを「浮揚工法」といい，これらを組み合わせている。例えば，上げ下げを行わず，建物全体を移動する場合「無浮揚総移動工法」と称する。

　まとめると，
①建物の地下などを切断して，上部のみ移動させる切断工法
②建物のすべてを移動させる無切断総移動工法

③建物の上下移動を伴う浮揚もしくは沈下工法
④建物の上下移動がない無浮揚無沈下工法

に分類される。これらは移動する土地の条件，新旧敷地の関係により決定される。

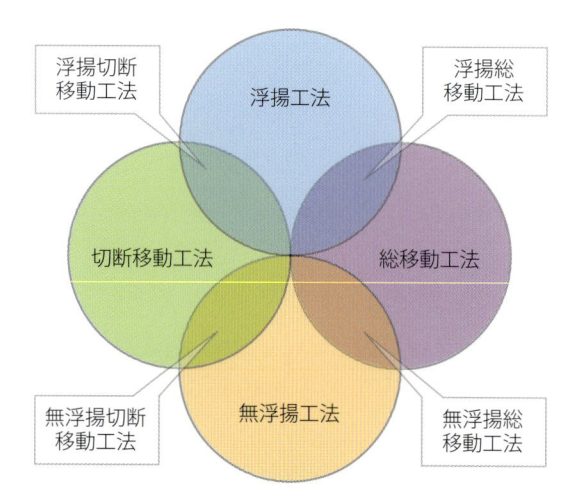

▶ 20──移動工法名称概念図

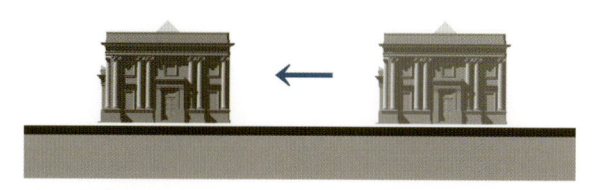

▶ 21──無切断無浮揚無沈下法

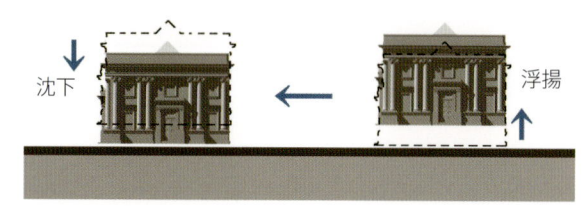

▶ 22──無切断浮揚沈下法

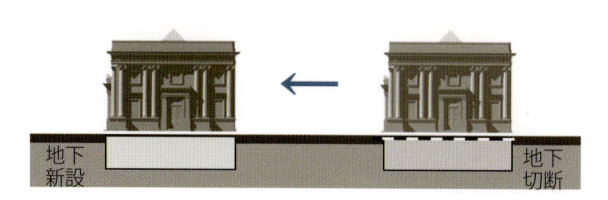

▶ 23──切断法

【根搦工法（在来軸組み根搦工法）】

　根搦とは，床束や柱の根元がぐらつかないように固定することで，一般に床束を固定する貫き材を根搦貫きという。土台の下に，鋼材（レール）を縦横に組む工法である。土台がない場合，柱を固定する工法も根搦工法という。曳家で使用していた根搦鋼材は，移動路盤と兼用するためにレールが使われていた。レールとしては，国鉄の払下げ品50kg/mか，私鉄の37kg/mを使用していた。レールの運搬はそれ専用のチャッキ（元は英語のCHUK）で挟み，担ぎ棒（はり棒）を使い四人で担ぐことが昔は基本であった。1987年には，トラック搭載型クレーン（ユニック）が導入された。枕木を積むのもレールを運ぶのもクレーン車と平トラックで，狭いところは人力で移動した。レールとレールを直角に交差して固定するために，2分のワイヤー（ストラッドロープ：交叉より3号もしくは4号）を使用した。締め方は箱締めで捏ね切りを使用して，締め付けていた（捏ね切り：片手で使用する木槌）。1970年代後期からワイヤーロープからUボルト・フラットバー・ナット締めに変わり，1980年代後期から根搦鋼材もH形鋼，I形鋼，溝形鋼が使用されるようになると，ボルト・フラットバーから挟結金物が主流になった。

　路盤レールの下には，枕木でサンドルを組む。サンドル（英語のsaddleが語源）とは角材や鋼材を井桁に組み，支台として使用する。ブナ，クリ，外来のものであればアピトンなどの材料で国鉄の払い下げか，品等落ちのもので2mの長さを半分に切って使用した。水に浸すと，9割以上が沈むほどの重量がある。いずれにしろ，重い物を担ぐ，運ぶ，大ハンマーを扱うなど，重量鳶の仕事であった。

▶24──根搦工法。路盤レールのジョイントはペーシーとモールである

▶ 25──ペーシーモール使用の軌条継手状況

▶ 27──根搦鋼材取り込み状況（人力）

▶ 26──ボルト・フラットバーによる固定

▶ 28──チャッキを10個付けている吊り治具

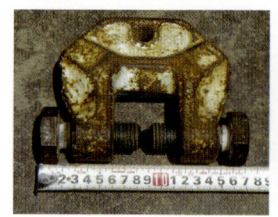

▶ 29──鋼材の峡結治具（1980年代後期から使用）

6）転動装置

　移動は，わが国では枕木の上に並べられた鋼製レール（昔は木製）の上に，鋼製（昔は木製）のコロを転がして移動させる。これらを転動装置という。中国河南省慈源寺の曳家では，コンクリート製レール（軌道敷）を使用した。コロは昭和27（1952）年の名古屋市交通局が使用した旧万平ホテルの移動に際し，旧建設省建築研究所が予備試験を行い直径6cmを採用したと報告されているが，すでに昭和24（1949）年に行われた渋谷の旧山一證券ビル移設でも直径6cmの鋼製コロが使用された。千葉市美術館・中央区役所での旧川崎銀行曳家でも，やはり直径6cmの鋼製コロが使用されている。

　押進するジャッキの反力を得る方法は，現在ではレールにクラン

プを設置し，力が加わればレールに固定され，反力が得られ，順次移動させて進める。初期には掘削面から反力を得て，順次押し棒をつないでいったが，座屈を防ぐために周囲補強が必要で，無駄な労力と時間を要した。この改善のため名古屋の旧万平ホテルの移動現場では，クランプが1か所実験的に採用され，その効果が確かめられている。通常，反力は建物重量の3〜5％程度で移動できる。イスラエルでオランダの会社が行った曳家は，コロを使わないで移動面にコンクリート平板を全面に打設し，その上にアスファルトを塗り絶縁，巨大なジャッキで一挙に押す例もある。

以下の説明例は，安部工業所（現・㈱安部日鋼工業）が1955年頃に作成した転動装置の説明図であり，現在でも原理は同じで，ジャッキの反力を得るのにレールクランプが使用されている。

▶ 30──①枕木を設置する（多くは鉄道の枕木を使用）

▶ 33──④コロに荷重を掛ける舟形の鋼板を乗せる

▶ 31──②枕木の上にレールを乗せる

▶ 34──⑤鋼板の上の建物などを支えるクッション材

▶ 32──③レールの上にコロを並べる

▶ 35──⑥ジャッキの反力を得るレール付クランプ

▶ 36 ──⑦レールクランプにジャッキ取付

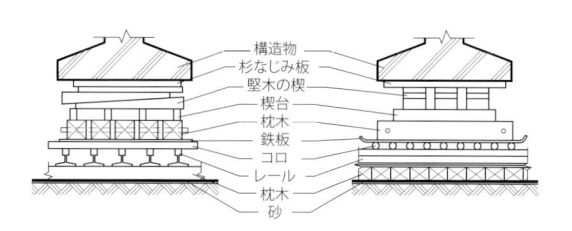

▶ 38 ──転動装置の名称

▶ 37 ──⑧建物受け台レールから楔まで。この建物の下の楔はジャッキを利用して締め上げる

▶ 39 ──⑨ジャッキ動力取付

▶ 40 ──実際の工事例：千葉市美術館・中央区役所の転動装置

7）曳家の推進力の例

　ジャッキを地面と切梁に固定し，地面からの反力で直接建物を丸太で押している。現在のジャッキは建物を直接押すのではなく，転動装置を押している。昔は転動装置のみ移動して，建物が移動しない失敗例もあり，直接建物を押すほうが多く手間がかかった。

▶41──昔の反力の取り方（1960年の新宿・聚楽ビルの移動）

・チェーンによる反力

　レールの先端にチェーンをかけ，後端にはジャッキの後部をかけ，反力を得る。ストロークが伸びきったら，チェーンを短くして同じ動作を繰り返し，建物を進めていく。

・クランプによる反力

　クランプより反力を得てジャッキが押し切ったら，クランプを緩め，前方に移動させる。中国の例では，転動装置のレールはコンクリート製の梁であり，前もってボルトを通す孔を開けておき，クランプのボルトを締め，レールに固定し，移動後，ボルトを付け替えながら前方に移動させている。

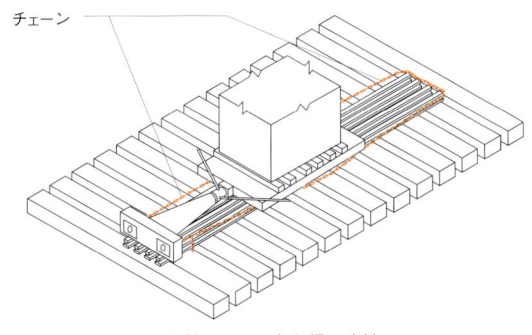

▶42──チェーンを利用して反力を得る方法

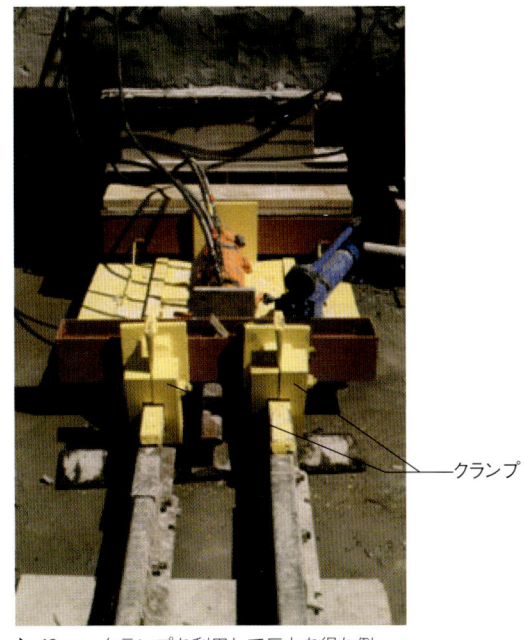

▶43──クランプを利用して反力を得た例

8）今後の展望

　多数のジャッキを，正確に管理できる制御装置の入手は容易になった。転動装置のコロに代わる材料も開発されている。その一つとして，土木構造でローラー支持に使用される"ショウ"を使う工法の検討が進められている。昔の割竹手法の一種の再現だが，制御性に問題がある。"コロ"の場合は方向性が限定され，方向性の制御は容易であるが抵抗は高い。それに対して"ショウ"は抵抗が少ないが，どの方向にも抵抗は同じで，回転しやすく制御が極めて困難である。抵抗が少ない分移動距離の制御も難しい。

　この欠点を補うため，現在は"コロ"と"ショウ"を併用するハイブリッド工法が採用されて，すでに数例施工されている。今後はより重量な建造物の移動も容易になり，前述の原子炉の廃炉にも応用が可能と思われる。

9）海外の曳家専業者の歴史

　日本以外でも専業曳家の例は多い。アメリカ合衆国でもすでに1864年（江戸末期）に起業したアメリカアイオワ州のAllworth Brothers, House Movers, LLPや1885年に起業したLarman Houses,Inc.がある。Larman Houses,Inc.の初代のLarmanは農夫であり，自分の農場の建物を移動させた。その後，建物を動かせる噂が広がり，多くの依頼をこなしていた。しかし，彼は家を動かす技能を有する専業の農夫であった。二代目のMiltonも農業が主で，曳家は専業ではなかったものの，1911年の運河工事のために数十棟の建物を動かしている。三代目のDonaldはワイオミング大学の機械科を卒業し理学士を取得，曳家の家業部門を継承し大きく工法も進歩させた。当初は馬で曳いていたが，キャタピラートラクターに替わり，現在は油圧ジャッキシステムを備え持つ操縦可能な台車と鉄骨梁が使用されるようになっている。

　日本も，アメリカも同じように，最初は住宅，Houseを主に移動していた。本格的にビルの移動を行うようになったのは，かなり後のことである。

　アメリカ合衆国でも，すでに1941（昭和16）年総重量2,350tのビルを持ち上げ，移動させた記録がある。ニューヨークにあるWILLARD PARKER HOSPITALは鉄骨構造で外壁がレンガで仕上げられている建物である。この建物の鉄骨の1階柱を「Needle Beam」で根搦，「Runner Beam」で受け，「Track Beam」路盤桁との間に「Rollers'」，幾つもの鉄の転子（コロ）を入れ，オイルジャッキで押すことで移動させた（Edmund Astley Prentis and Lazarus

White：UNDERPINNIG COLUMBIA UNIVERSITY PRESS NEW YORK, 1950)。

　このウイラードパーク病院の移動は今までのように台車に乗せて運ぶのではなく，路盤桁の上に鉄製の転子（コロ）を置き，ジャッキを使用し押すものであった。京城高等学校土木課を卒業後，朝鮮総督府鉄道局で橋梁設計などに従事し，戦後，間瀬コンサルタントを創業した間瀬敬己はこの書籍を読んでいる。これらの資料が「基礎ごとビルを動かす」ために，大いに参考になったと推測される。

▶ 44 —— Method of carrying columns to rollers.

▶ 45 —— Method of carrying columns to rollers.

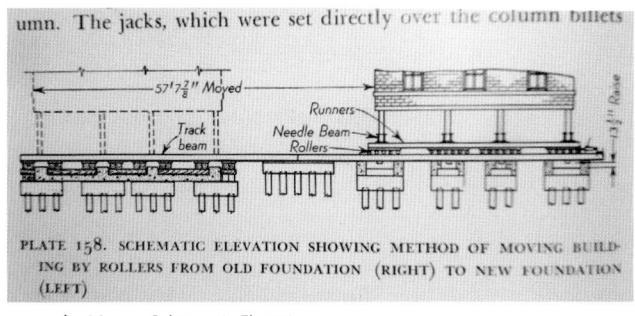

▶ 46 —— Schematic Elevation.

10）計画

①事前調査

　既存建物，敷地，用途地域，地域協定などを把握する。既存建物を新築した時の確認済証，確認申請図書，工事完了検査済証，構造計算書が存在すれば計画は容易にすすめられる。しかし，既存図や確認済証などで建築当時に合法的であったかを確認することができなければ，移転計画は難しくなる。敷地・建物調査，既存図作成の上，建築当時に合法であったか確認する必要もある。

●確認項目
- 建築物と敷地
- 接道幅
- 建物位置と隣地
- 建物位置と道路境界線までの距離
- 地域，地区の確認
- 建築協定
- 高さ制限など

●構造物の許容変形量

　計画に当たり，移動する建築物を正確に把握しなければならない。移動する建築物の構造と工事中の許容変形の目安を，下表に示す。構造の種類によって，移動中の許容変形量が異なる。仕上げに対しての許容変形量ではない。あくまで主要構造部の変形量として記す。同じ鉄筋コンクリート構造であっても，剛性の高い耐震壁を有する建築物で，壁式構造と同じような許容変形角 $\theta = 1/3,000$ 以内を管理値とすることが好ましい。

構造	許容変形角
鉄筋コンクリート造（ラーメン）	1/2,000
鉄筋コンクリート造（壁式）	1/3,000
鉄骨造	1/1,000〜1/500
木造（在来）	1/500

▶47——構造別建築物の許容変形角

●基礎構造

　既存建築物の基礎構造と地盤の性能を把握する。
- 直接基礎構造

布基礎，独立基礎，べた基礎がある。
・杭基礎構造
　杭は「打ち込み杭」「埋め込み杭」「場所打ち杭」「その他の杭」の4種類に分類される。

●地盤の性能
　『地盤の許容応力度及び基礎杭の許容支持力を求めるための地盤調査方法並びにその結果に基づき地盤の許容応力度及び基礎杭の許容支持力を定める方法等を定める件』については，平成13年告示1113号に詳細が記されている。

●建物の重量
　移動する建築物の重量を把握することが早い段階で必要となる。確認申請時の構造計算書がない場合の目安として，単位面積当たりの重量を記す。

構造	単位面積当たりの重量
鉄筋コンクリート造（ラーメン）	14〜20
鉄筋コンクリート造（壁式）	14〜20
鉄骨造	10〜12
木造（在来）	3〜8

▶48──構造別建築物の重量（kN/m²）

●地盤
　建築物の軸力を工事の流れごとに，どのように地盤に伝えていくか。その時の許容変形角とあわせて，検証しなければならない。
　建築物をどの位置から切り離すのか，もしくは基礎ごと移動するのか。工法によっても多少異なるが，現状の状態から『仮受，移動装置取付，移動，移動完了後の移動装置取外しのための仮受，最後の据付』まで，建築物の荷重をスムーズに移行させることが肝要である。各段階で建築物のどの位置を受けるのか，その時の建築物の部位の強度やその荷重を替える地盤の性能が十分確保できているか，確認しなければならない。
　建築物を支えている地盤や杭の性能，移動するための移動路の地盤性能，そして，最終的に建築物を据え付ける位置での地盤性能を把握する。

a）仮受け時の留意点
- 建築物を仮受けする部位の性能，強度，変形
- 荷重を受ける仮受け地盤の性能，地耐力，沈下量

b）移動装置取付け・撤去時の留意点
- 取付け部位の性能，強度，変形性能
- 移動装置の耐力
- 移動路盤の性能，地耐力，沈下量
- 移動路盤の下の地盤の性能，地耐力，沈下量

c）移動中の留意点
- 移動中の荷重と地盤性能，地耐力，地盤性能
- 路盤桁敷設など

　移動中の地盤性能としては，長期支持力と短期支持力の中間値（半短期）扱いで計画する場合が多い。
　建築物を使用しながら移動する場合は，長期扱いとする場合もある。

●移動する建物の補強
　移動装置を取り付けるために一旦仮受けを行うが，その際仮受け部位の強度が不足している場合に補強を行う。基礎ごと移動する場合に地中梁の増し打ちを行うものや，鉄板を貼り付けることもある（鋼板補強）。また，必要に応じて壁の増し打ちを行うものもある。体育館のように大空間で床を解体するような移動では，水平剛性が著しく低下して移動するために，水平力負担用のフレームを組む場合もある。建物の用途や構造により，移動中の補強を行うこともある。
　なお，施工中の地震対策についても，各施工ステップごとに検討しなければならない。

②曳家の建築基準法の対応
a）用語の定義（移動，曳家とは）
　建築物を移動する行為は，建築基準法上『建築』に該当する。建築基準法第2号1項第13号に，用語の定義で次のように記されている。『建築：建築物を新築し，増築し，改築し，又は移転することをいう。』また，『同一敷地内で建築物を移動する』ことを移転といい，他の敷地へ移動する場合は新築行為として扱われる。
b）移動工事を行う場合の申請手続き
　移動工事を行う場合，基本的に建築物を新築するときと同様に，

建築主は建築の規模構造に応じて，建築基準法第6条による建築主事の確認を受け，確認済証の交付を受けなければならない。当然確認申請を出すためには，構造耐力に関する基準に適合しなければならない。建築した当時に合法的であったものが，その後の法改正より，適合しなくなった建築物を，法文的には違反建築物とはいわず「既存不適格建築物」という。一般的には移転も敷地外への移動も建築行為であるから確認申請を受け，確認済書の交付を受けなければならないが，一部緩和されるものもある。同一敷地内での移動（移転）については，上部構造物の扱いが既存不適格扱いとすることがある。

一方敷地外への移動については，ごく僅かな緩和のみである。緩和処置の代表的なものは，建築基準法第86条の9『公共事業の施行等による敷地面積の減少についての第3条等の規定の準用』などがある。

また，文化財保護法によって指定や仮指定を受けた建築物や保存建築物であって，特定行政庁が建築審査会の同意を得て認めたものなどであれば，一部の建築基準法などについては適用が除外される。詳細については，建築基準法第3条を参照されたい。また，計画に入る前に建築指導課へ相談し，必要事項を確認する必要が重要である。

1586年，聖ピエトロ大聖堂の裏手に横たわっていたエジプトのオベリスクを，340m離れた大聖堂前に運搬して再建する様子を描いた図。建築家ドメニコ・フォンタナ（1543～1607年）の指揮の下に労働者900人，馬75頭，巻上機40台，約13mの大きな「てこ」5台が力を注いだ。その間，見物人は声を出すことを禁じられていたが，ロープが弛んだ時にある見物人が禁令を破って「ロープを濡らせ！」と叫び，事なきを得た。現在もオベリスクは，大聖堂の正面広場に立っている。

第Ⅱ章　　曳家の実施例

1. 昔の重量鳶による曳家

【靖国神社】

　靖国神社（1872年建立）には，現在耐候性鋼板製の第一鳥居，青銅製の第二鳥居，神門の内側の木造の中門鳥居，側面の石造鳥居の四つの鳥居がある。第二鳥居は1887年に建立し，現在の神門の場所に設けられていた。1933年に神門の建設が決まり，その建設場所を得るために，第二鳥居は前方に，鳥居両側の2か所（海軍と陸軍）の灯篭と，石造の壁は内側に移設された。靖国神社には，1887年の第二鳥居建設と1933年の鳥居移設に関する記録と写真が多く保存されている。▶02（39頁）は，現在の第二鳥居と後方に位置する1933年建造の神門である。左右の大灯篭は同時期に建設された大灯篭で，左は陸軍で，右は海軍を表している。

　第二鳥居は1887年7月に大阪砲兵工廠の反射炉で建造され，海運により現地に移送された。材料は廃藩置県で集められた各藩の大砲の中で，兵器には不適当とされた大砲を集めて，溶かした青銅製である。接合部は内側から鋼製で補強され，基礎部には鍛鉄と思われるベースプレートが設置され，基礎にアンカーされている。柱の長さが地上面から50尺（約15m）と巨大なために，鋳造は通常は立てて行うが，あまりにも大きいために地面を掘削して，地中に横にして製作された。大阪からの移動は，横にしたまま大鳥居の中に水が入らないように木栓で塞いだ後，水に浮かし，安治川を経

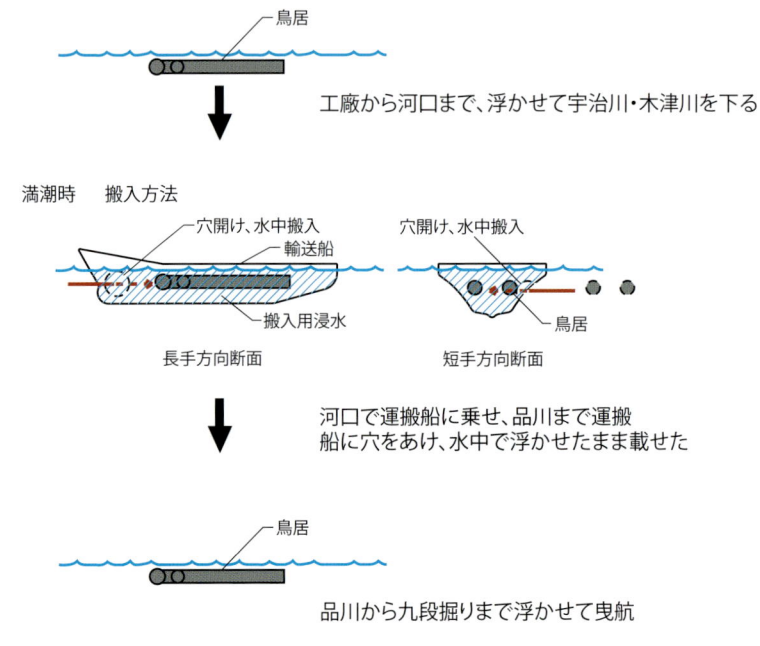

▶01──鳥居の運搬方法

▶ 02──第二鳥居と神門

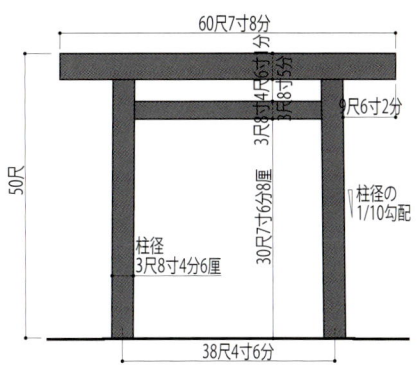

▶ 03──第二鳥居立面図

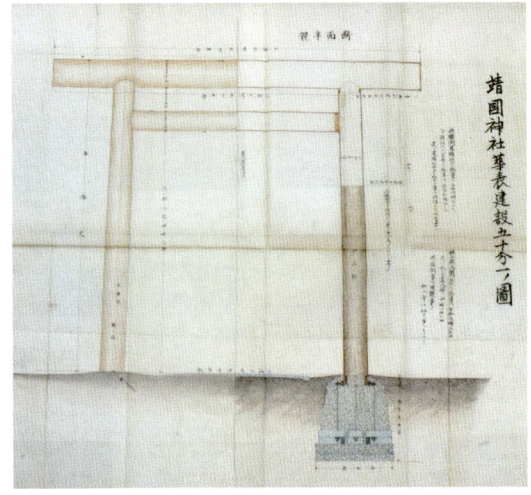

▶ 04──保存されている図面（柱内に砂を注入した）

由して木津川を下り，河口で横にしたまま，運搬船に乗せた。初めに，運搬船の船首左側に鳥居を通す穴をあけ，満潮時に水を入れて沈め，水中に浮かしたまま取り込み，干潮時に船中を排水し，再度浮かせて，1887年9月28日に東京に向かった。途中何度か時化に会い，避難しながら同年10月13日には東京・品川に着き，そのまま水運で運河を経由し九段堀まで曳航され，敷地に運ばれ，建設されたと記録されている。1887年12月に落成した。

　当時の金額で，大阪から東京までの運送費は計4,000圓と記録され，鋳造費は計6,048.354圓と記されている。

　1933年10月末に神門建設が認可され，同年11月7日には第二鳥居の移設工事も認可された。書類には陸軍代表として沖縄最後の司令官であった牛島満副官名が記され，設計者には伊東忠太博士が筆頭に記されている。同年11月10日には地鎮祭が行われ，参加者名が記されており，曳家を担当したと思われる鳶職として，足立伝兵衛他2名とのみ記されている。同年12月7日に移動工事が着手され，6日後には足場が丸太で組み立てられた。曳家手順は，

柱脚をアンカーから外し地上まで一度持ち上げ，取り付け部で降ろされ，新基礎にアンカーされている。同年12月15日には曳始め，8割ほど移転し，翌16日には残りのレールを敷き，17日には移動完了と記され，21日の完了写真が残されている。文書には設計書の存在が記載されているが，陸軍省に移管されたらしく，靖国神社には保存されてない。陸軍省は戦災により多くの文書が焼失したとされ，この関係文書は発見できなかった。しかし，工事予定概算書は靖国神社に保存されている。

●銅大鳥居概算移転工事費
　　金5千圓（現3,500,000円程度）
●同概算移転設計費並監督者報酬等
　　金4百圓（現280,000円程度）

と記載されている。また，小規模な灯篭は神門内の近くの場所に移動されたが，この工事は設計書には工事費1か所4百圓と記されている。
　靖国神社はこの後も，拝殿を大きくするために，現在の拝殿を90度回転させ，側方に移動させる工事を計画していたが，戦況の悪化に伴い中止された。このように，建物移設は普通の技術であった。

【関東大震災の被害】
　営繕局の震災調査報告書によると，神社の建物類は被害を受けたが，1921年建造，1943年には腐食のために撤去された青銅製の第一鳥居は無被害であったと記されている。第二鳥居に関しての記録は不明であるが，震災後の靖国神社の写真には，参道に建ち並ぶ仮設住宅のわきに鳥居が2か所写っており，被害はなかったと思われる。

［被災調査記録］
●靖国神社第一鳥居
竣工年月＝1921（大正10）年5月
構造＝基礎：鉄筋コンクリート造，柱身鉄骨構造表面青銅製
　　　　柱脚部：コンクリート詰込

［関東大震災の震災調査記録］
ー被害の概況ー
1. 何ラノ被害ナシ
1. 本建造物ハ当初計画ニ際シ地震ヲ顧慮シ，震度0.2ノ仮定ノ下ニ設計セルモノナリト云フ。

▶ 05 ──神門建設前の第二鳥居

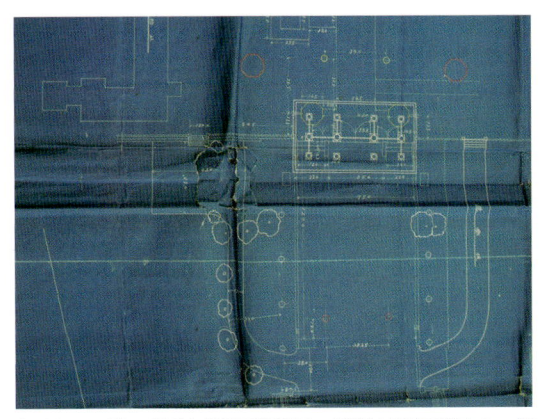

▶ 06 ──第二鳥居と灯籠の移設図。灯籠は神門の後方へ，第二鳥居は前方に168尺移設した

▶ 07 ──移設完了時の第二鳥居

▶ 08 ──地中より持ち上げられた柱脚部と曳家のための補強足場組

▶ 09 ──当時の鳶による丸太掛けの養生。この丸太掛けにより鳥居の倒壊を防いだ

【現代の鳥居工事の参考例】

　富士山登山口に位置する北口本宮富士浅間神社では，60年に一度の式年大修理により，木製鳥居を持ち上げ，柱脚部と控え柱の補修を行った。

▶ 10 ──鳥居ジャッキアップ後

▶ 11 ──ジャッキアップ後の柱脚部

2. 鳶と近代技術の融合

1）東京都の戦災復興計画
【旧山一証券渋谷支店（旧三菱銀行渋谷支店）】

［工事概要］

　終戦直後，渋谷駅西口広場北側に位置した旧山一證券渋谷支店（後に第百銀行から三菱銀行渋谷支店）の鉄筋コンクリート造3階建の建物を1949年に曳家により，現在のハチ公前近辺に移した。

　1949年には渋谷駅はすでに1日52万人の乗降客があり，西口の北改札前に位置していたこのビルは通行の妨げになっていた。このため東京都と渋谷区は，このビルを34m先の東横デパートの北側にまで回転させて移動することにした。このビルは撤去されて現在はない。この工事は，地下を切り取る浮揚切断法を採用した。間組（現㈱安藤ハザマ）の社史によると，建物周囲および建物下を地下2.1mまで切り下げ，地下0.6mの位置で切断（梁下と推定）し，切断面に欅の角材を挿入し，地上2.3mまで持ち上げ，持ち上げた建物下にコロの転動装置とレールを敷き入れウィンチで曳いた。曳く途中で70度ほど回転させ，移動して新しい基礎に載せ，固定した。

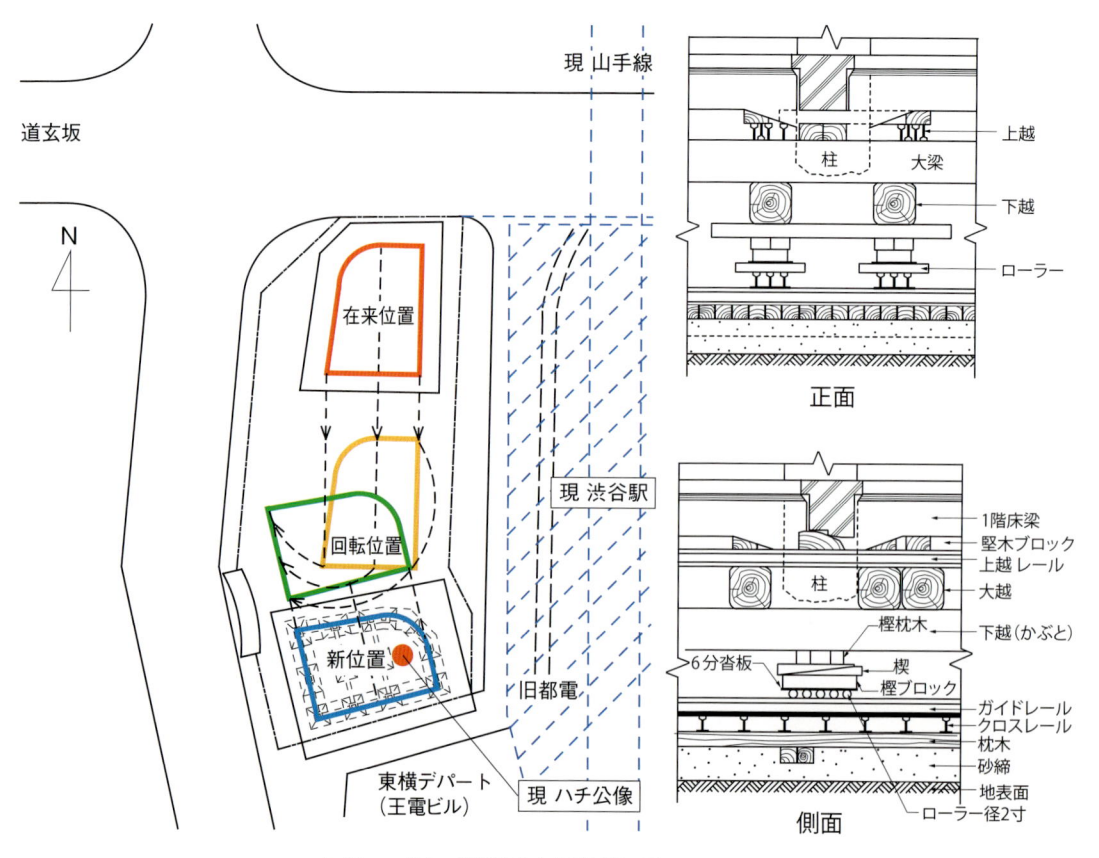

▶ 12──旧山一証券渋谷支店移設計画図

工期は3か月半で，工費は当時の金額で約1,200万円，延人員は7,200人と記録されている。この工事の特徴は，間組という近代的ゼネコンの下に，伝統的な重量鳶が参加し，旧来の工法で施工された最後の大工事であり，同時に近代的な工事の幕開けでもあった。

［工事細部説明］
　1階床梁下端で切断，垂直に2.9m持ち上げ，34m水平移動，途中約70°回転，最終位置で2.9m下げて新基礎に定着。
a）水平移動転動装置
　舟形金物，コロ（径6cm，長さ60cmの鋼棒），手巻きウィンチによる牽引工法
b）垂直移動
　35tと10tのボールベアリングジャッキ，スクリュージャッキを80〜85台設置した。
c）切断工法
　5台のニューマチックハンドドリル，動力源はUSA製のガソリンコンプレッサー1台とインガーソルコンプレッサー1台

- 工事場所＝東京都渋谷区渋谷駅西口
- 工事期間＝1949年8月〜同年11月
- 構造＝鉄筋コンクリート造，地下1階地上3階建
- 建築面積＝122.43m^2
- 延床面積＝372.34m^2（地上階）
- 建物重量＝約1,100t
- 施工者＝㈱間組（現㈱安藤ハザマ）と鳶のグループといわれている。

（小菅碩平氏作成の資料集，豊島光夫著『にっぽん建築技術異聞』，間組『社史』より）

▶13——曳家全景

▶15——転動装置

▶14——曳家工事中

▶16——新しい基礎と手巻きウィンチ

【新宿聚楽ビル（飲食店ビル）】

東京では，初めての近代技術による曳家とされている。

[工事概要]

1960年の戦災都市復興計画による区画整理事業工事である。東京都第三区画整理事務所第9地区に存する図面のない当建物の「スケッチ」を1959年12月から開始し，翌年5月末までに各階平面図8枚，柱荷重1枚，立面図4枚，断面図1枚，階段断面図2枚，梁伏図7枚，基礎伏図1枚，天井伏図7枚，透視図1枚，配置図1枚，合計33枚の作図をした。

これにより工事設計が行われた。本建物は1935年10月に建築されて，二度の大火（1937年9月の大震災―宮城県沖地震で内部装備全焼，1952年12月1階一部を残し，5階まで内部装備全焼）を被っていた。旧建設省建築研究所に建物の健全度診断を願い，移転可能との判断を受け実施に至った。

[施工細部説明]

a）土工事

掘削土量は外部11,279m^3，版下877m^3，地中障害物（既存基礎：有筋194m^3，無筋20m^3）の解体に苦労した。掘削はドラックライン，パワーショベルを使用。残土は4tトラックを使用し，都の所有地まで（2.2km）まで搬出。1車積み込むのに，ドラックラインで10〜12杯，パワーショベルで4〜5杯であった。

▶ 17——移動建物全景

b）山留め工事

　山留め杭はH-250×125×7.5　12mものをモンケン打ち（180貫，200貫　使用ウインチ30馬力）。深さ11mで，頭部座屈を生じた。1本打ち込みに要した時間は1時間〜1時間20分である。腹起しは，レールを3本溶接で接続し，切梁は尺角とした。

c）移動工事

　移動路盤は，掘削底に20cmの敷き砂に，木製枕木をべた敷きにし，所要の軌条を敷設した。

　コロ場（移動装置）は当初88か所の予定であったが，地盤が悪いため112か所に変更した。軌条の上にコロ，船形鉄板を置き，その上に枕木サンドルを組み立て，楔締めを行った。コロ場を一か所組むのに，4人の人夫が平均1日から1日半かかった。移動には50tジャッキ17台を使用，指揮者は各ジャッキの圧力を注意し，一定の号令でポンプによる油送，前進を行った。1回の押方に要する時間は15分程度で，10〜15cm前進した。1日平均1mであった。

　土留め切梁を盛替えながら，実働11日で10.5mの移動を完了した。二次移動は，実働23日で25mの移動を完了した。

d）据付工事

　当初の計画では，新規地盤が38cm下がるので，移動において38cm下げる予定であったが，17cm高い状態で移動が終わった。関係者と協議の結果支障ないので，この点を基準に各点の高さ調整を行い，コンクリートブロックの本受けに替えた。

▶18——土留めから丸太で反力を受け，ジャッキの移動に従い，座屈防止の補強をしながら押している

▶19——反力の制限から斜め移動は難しく，直角移動で建物を直接押している

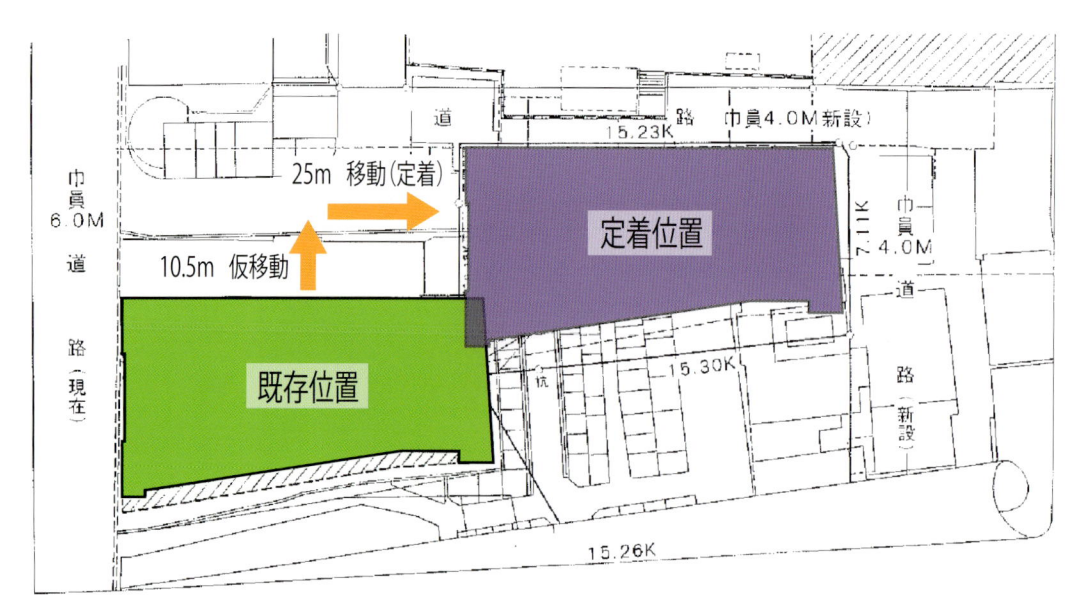

▶20──新宿聚楽ビル移動計画図

e）主要材料調書
- 木材＝600石，●レール＝600m，●Iビーム＝54本，●コロ＝600本
- 木製楔＝750組，●枕木＝3,200本，●船形鉄板＝420枚
- 排水土管＝470本，●コンクリートブロック＝9,280本
- ベルトコンベヤー8m＝20台，●ジャッキ＝50t15台，40t43台，30t6台
- オイルジャッキポンプ＝25台，●ワイヤロープ＝2,800m
- 生し番線＝3,000kg
- 請負金額＝54,346,097円（25,683.4円/m²，約97,000円/t）

建物を押すのに，現在とは異なり，建物を丸太で直接押している。現在は転動装置を押すが，当時は転動装置と建物の緊結が困難で，建物は動かず，転動装置のみ移動した例があった。

- 物件名称＝新宿聚楽食堂ビル
- 所在地＝東京都新宿区角筈1-1
- 建築年代＝1934年～1935年10月
- 構造＝鉄筋コンクリート造，地下2階地上5階建
- 建築面積＝327.624m²
- 延床面積＝2,115.927m²＋一部木造
  （4階5.61m²，屋上82.36m²）
- 重量＝6,093t（地下補強壁重量177tと積載荷重240kg/m²含む）
- 移動＝一次移動北へ10.5m，二次移動東へ25m
- 曳家施工＝間瀬建設株式会社

（新宿聚楽ビル曳方移転工事施工記録，東京都第三区画整理事務所・渡辺篤三郎記）

3. 名古屋市の戦災復興事業

【名古屋市の曳家】

　戦後初期曳家の典型として，名古屋市の例を紹介する。戦災復興計画により，特に名古屋市の計画では，曳家による建物移動工事が大規模に行われた。

　特に100m道路に象徴される新交通計画により，大規模な建物が数多く移動された。この工事は一つには，名古屋市の担当者の熱意と当時岐阜市に設立された安部工業所（現・㈱安部日鋼工業）の技術力による。戦後すぐに設立されたこの会社は，設立者の安部源三郎が海外の文献よりジャッキを使う方式の曳家工事を知り，それまでの伝統式の曳家工事を近代工業化への変革に成功していた。

　しかしながら，1949年当時はジャッキの入手は困難で，ほとんどの器具を自社で制作したという（『安部工業所50年史』より）。特に有名なのは鹿島建設が受注し，安部工業所が実施した旧万平ホテルの移動である。このビルは，戦後すぐに名古屋市が入手し，移動後は長く交通局により使用された建物であった。計画に当たり，ビルは震災により火災を受け，その安全性を確かめるのに旧建設省建築研究所に検討を依頼した。検討の結果，建物を補強し移動させている。また，旧建設省建築研究所は曳家の技術，そのものも検討対象にして分析した。その結果，ウィンチではなくジャッキの採用の理論化や移動力の数式化，特に大きな進歩は移動の反力の取り方であった。それまでは丸太を繋ぎ，一方は切土した壁から反力を得ていた。またはチェーン方式によりレールの先端から反力を得たが，クランプ方式は容易に反力を得られ，また簡単に外せ，前進できるので，移動効率が飛躍的によくなった。

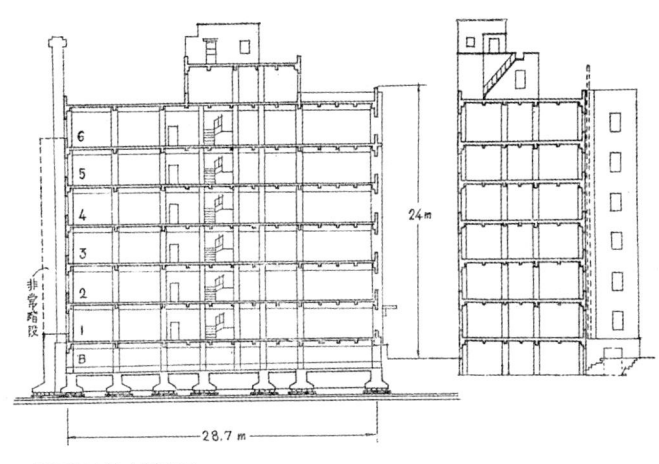

▶21──旧万平ホテル断面図

この反力の転換は，曳くより押す方に移動力が変わったことに由来した。ジャッキ以前は，現在の軽量木造住宅の移動に使用されているワイヤーを，ウィンチか小型手動巻き上げ機で曳く方法が使用されていた。この方法では重量物移動には限界があり，現在ではジャッキが主で，曳くのではなく押している。

　第Ⅰ章に記載したように，移動される建築物の下に設けられる移動装置を特に転動装置といい，内容は安部工業所の説明用に作成されたと思われる図に詳細に説明されており，原理は現在と同じである。この旧万平ホテルの曳家については，詳細な報告書が鹿島建設により作成され公表されている。

［工事概要］
- 工期＝1953年2月～9月
- 所在地＝名古屋市東区東新町7-2
  （現東桜町14番地近辺，メルパルクがあった場所）
- 構造＝鉄筋コンクリート造，地下1階地上6階建
- 建築面積＝376.2m^2
- 延床面積＝2,659.8m^2
- 重量＝約5,500t（柱1本当たり平均138t，最大224t）
- 建設時期＝1922年
- 最高高さ＝GLより30m
- 基礎底面＝GLより−2.2m
- 移動距離＝17m直進
- その他＝1945年の空襲により地階を除いて全焼し，コンクリート強度の低下が20%程度と考えられ，補強により使用可能とされた。工事費21,280,000円，坪当たり26,400円と記されている。

［施工細部説明］
a）水平移動
　油圧ジャッキ10台（最押圧力50t/台），反力は掘削地盤側面から丸太により押した。ただし，1か所だけ新開発のクランプを用いてテストしている。
- コロ＝黒皮丸鋼径60mm，長さ1,000mm
- レール：45kg仕様品で，名古屋市交通局が提供

b）構造検討
　戦災で全焼しており，名古屋市は従来の工法では危険と考え，旧建設省計画局に相談し，旧建設省建築究所が指導し，鹿島建設技術研究所，施工者の安部工業所が参加し，技術的な検討がなされた。

この後，曳家は技術的に，より高度に近代化される。

c）補強と移動法

地階の要所に，壁補強とアーチを設けた。1〜2階にも，火災劣化を補強する壁を設けた。すなわち底部の剛性を高くし，その上にビルを載せたような構造にした。移転工法は，無切断・無浮揚・無沈下工法が採用され，施工時には各種測定がされた。

● 建物押進圧力＝最小105t（1.9％），最大255t（4.6％），平均192t（3.5％）
　註）現在では，最小値が少ないと考えられる。

作業日	労働時間 T (min)	休憩時間 Σto (min)	実作業時間 T-Σto (min)	ジャッキ実働時間 Σt (min)	移動量 (cm)
5月28日	445	149	296	131	266
5月30日	588	266	322	110	330

▶22——実作業時間分析

作業日	作業時間内ジャッキ実働時間比 Σt/(T-Σto)
5月28日	0.443
5月30日	0.342

▶23　　移動記録

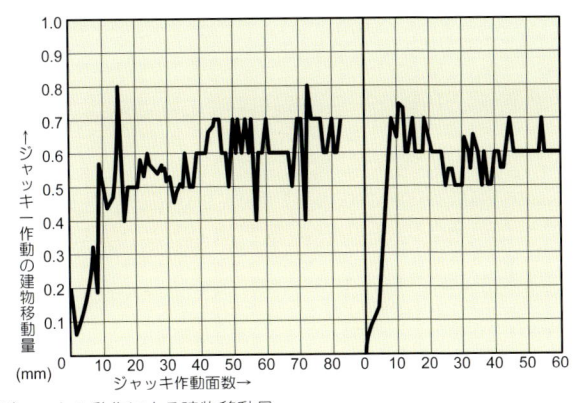

▶24——ジャッキ1動作による建物移動量

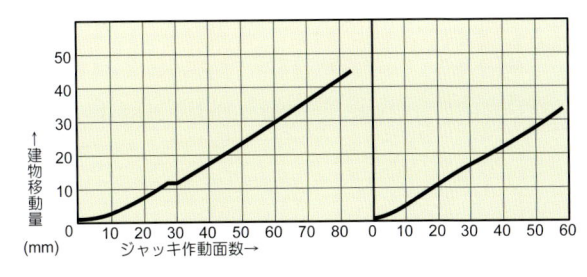

▶25——ジャッキ1動作による建物移動量

049

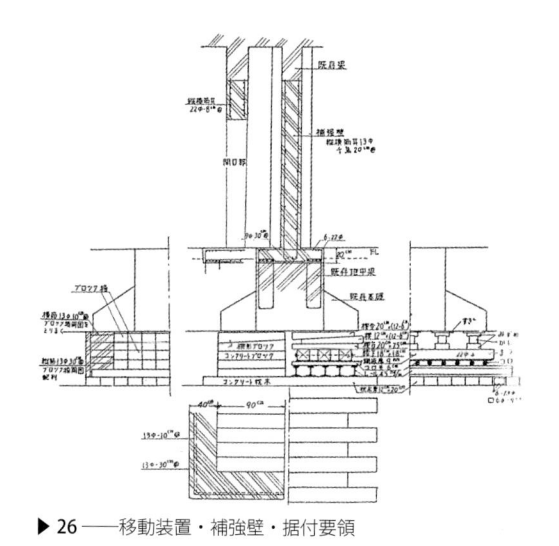

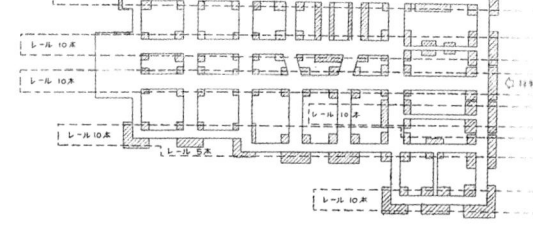

▶ 26──移動装置・補強壁・据付要領　　　　　　▶ 27──基礎伏図

d）実作業時間分析

　作業時間分析の検討対象となる移動作業単位は，ジャッキの段取りによっている。詳細にはジャッキのストロークごとにジャッキを移動し，反力を取得する作業の連続である。実作業時間分析からは，55％から65％が段取り業務，すなわち反力を得る押え柱の組換えとジャッキの移動に費やされている。同報告書では，効率的な反力の取り方を提案しており，実際に現在では一般的に使用されているレールクランプの実験も行っている。

　現在はジャッキ能力が進歩し，1ジャッキのストロークは200mm程度で，2機連結で使用するので，1ステップは400mm移動が一般的である。また，クランプを外し，ジャッキを付け替えるのに約4分程度かかると考え，2連ジャッキの400mm移動に1分程度と考え，1ステップ400mm，6分と算定できる。すなわち移動に6分，全体では毎分67mm程度で尺取虫のように断続的に移動する。この結果からみると，旧万平ホテルの時代からははるかに効率化している。参考までに，1933年に施工された靖国神社の記録では，施工法はワイヤー引きと思われ，ジャッキとは異なるが，1日に40m移動している。

　この後の名古屋市の有名な移動工事は，同様に旧建設省建築研究所の技術指導のもとに1962年に実施され，現在でも最大級の滝兵ビルの移動工事がある。このビルは鉄筋コンクリート造，地下1階地上7階建，延床面積9,365m²，総重量2万トンの事務所ビルであり，移動期間中も業務を継続しながら行われた。この業務を継続しながらの移動工事は，昔は曳家工事の特徴でもあり，安部工業所は初期に岐阜で行った病院建築で実施済みであり，以後多くの現場で行われていた。戦災復興時期は建設コストが高く，その工事期間中にも

業務を継続できれば，他に場所を確保する必要もなく，総事業費を抑えられる長所があった．

1958年には，最も長い距離を移動させた朝日生命保険名古屋支社の例がある．地下1階地上4階建，延床面積1,826m²，移動重量3,600tのこのビルは，戦後も良好に維持されたために，米軍に1955年まで接収されていた．

移転先まで距離があり，南方に約180m移動させ，その後約90度回転させて東方に約80m移動させ，新たに建設された地下室の上に定着された．経路には道路が2本あり，埋設管の保護が必要なのと，地下室を切断して地上部のみ移動させる必要があった．この移動が，名古屋の戦災復興事業のなかで最長といわれている．

そのほかにも，名古屋では広瀬ビル，岐阜市位用金庫，松栄舎，名古屋市東区役所移動工事などがあった．

これらの名古屋での活動により，近代的移動技術が関東でも実施された．名古屋を中心とした岐阜の安部工業所と，その一連の移動工事で技術を取得した間瀬敬己が東京を中心に移動工事を行っている．中でも，1960年の新宿聚楽ビルや先年解体された大塚女子アパートも道路拡張のために後方に移動された．大塚女子アパートは，先年の解体時に旧基礎が発見され，施工者に問合せがあったという．

▶ 28──旧万平ホテル外観

▶ 30──朝日生命保険名古屋支社の移動工事

▶ 29──旧万平ホテル全景

4. 宿舎に居住しながら移動

【ブリヂストンタイヤ株式会社東京工場宿舎】

[工事概要]

　移動工法は，宿舎に居住しながらの無浮揚総移動工法である。H型の平面をエキスパンジョイントで切り離して，それぞれを移動し，移動後に再接合した。

●一次移動：南側へ66.7m 直移動
●二次移動：東側へ92.2m 直移動

【移動中に課せられた諸条件】
①食堂棟は使用しない。
②厨房施設，浴室は使用しない。
③各棟の洗面所，トイレ飲料水，電気，電話設備は使用する。
④暖房は4月以降は使用しない。
⑤各棟の出入口はそれぞれ1か所とし，仮設桟橋を設ける。

[施工細部の説明]

a) 土工事

　建物から5mまでを掘削し，基礎から1m下がりを床付とした。土間下は人力掘削，ベルトコンベヤーにて屋外に掘削土を搬送しパワーショベルでダンプに積み込み搬送した。

　建物外部の機械掘削は，定着高さの20cm上がりまでパワーショベルで掘削し，その後ブルドーザーで整地した。

　掘削時には，建物の地中梁下に枕木を井桁に組み，50tジャッキで確実に荷重を受け替えた。基礎下の掘削を一気に行わず，片側に転動装置が組み込まれるまで，杭，基礎下の土を残置し，荷重を支えた。

b) 床受け工事

　1階床が土間コンクリートであるため，床下の掘削と並行し，床受け補強鋼材を設置した。

c) 移動工事

●移動路盤

　掘削地盤に直接枕木を敷設し，レール（50kg/m）を4本/列敷き並べた。

●移動装置の設置

　移動装置は，各軸力に対する転子（コロ）と軌条の接点数から3種類とした。

- 900 × 1,000：設置数 24 か所
- 900 × 2,200：設置数 26 か所
- 900 × 1,800：設置数 149 か所

使用した枕木は，樫材（20cm × 13cm × 150 〜 180cm），木製楔（欅材），船形鉄板（90cm × 180cm × 0.9cm）である。

● 推進装置

分離式油圧ジャッキ（40t）を使用した。

推進ジャッキの反力は，軌条の引抜抵抗力である。反力用レールクランプはジャッキ 1 台当たり 2 組で，推進ジャッキの台数は建物 A1 棟：8 か所，建物 A2+ 食堂：11 か所。

● 移動順序

- A1 棟をエキスパンションで切断
- A2（食堂含む）を先行移動し，A1 棟を A2 グループから 10m 遅れで後続移動
- 南進 62.2m で A1，A2 の路盤，移動装置を東進できるように方向転換
- A1，A2 を東進 92m
- 最後に，A1をA2との取合せがスムーズに行えるように移動した

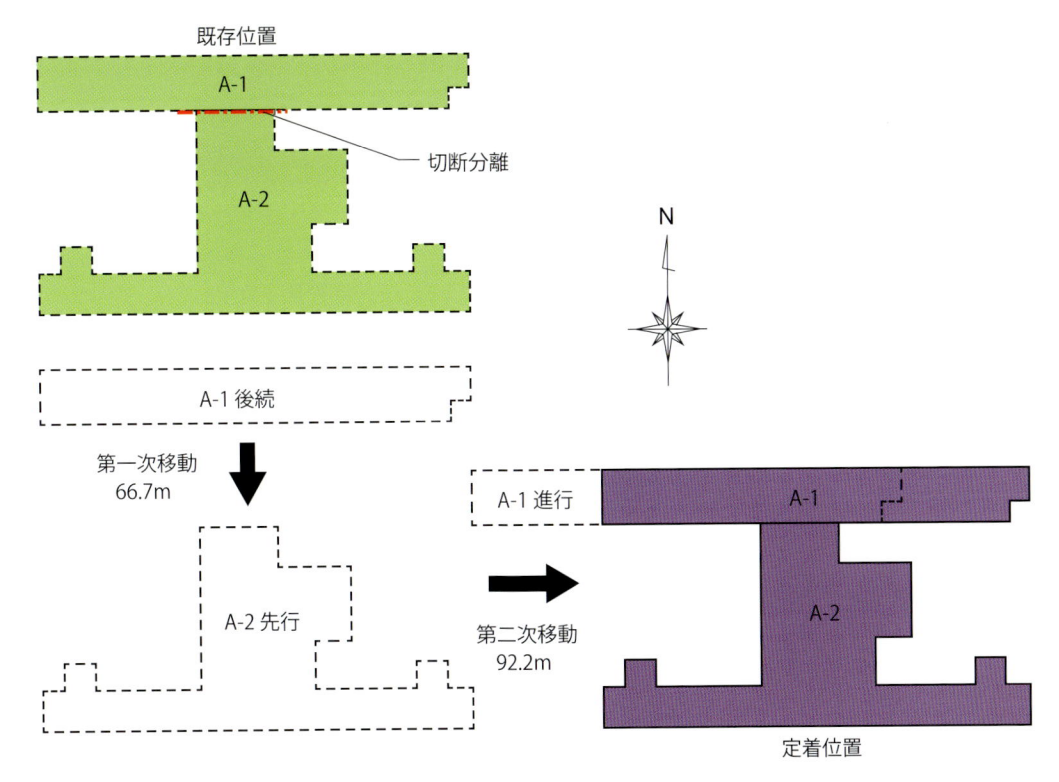

▶ 31──移動概要図

▶ 32──掘削状況

▶ 33──移動路盤

▶ 34──推進装置

d）基礎工事

　定着位置で事前に RC 杭を打設した。杭種類は，RC 杭：Φ300，L＝6m，杭耐力：25t/本，配置は建築当時と同様とし，A1 棟：192 本，食堂：46 本，A2 棟：182 本とした。

e）定着工事

　建物を定着位置に移動した後，あらかじめ打設しておいた RC 杭と基礎底面の間に，定着コンクリートをポンプ車で打設した。杭間浚えは 30cm とした。栗石地業は（目潰しとも）20cm，定着コンクリートは基礎より 20cm 広げた。コンクリートの上部にモルタルを 9cm グラウティングし，コンクリート（$σ28＝180kg/cm^2$）760m³ を打設した。

［工期］

●工事計画＝110 日（1969 年 10 月 10 日から翌年 1 月 31 日）

　計画依頼から現地調査，施主打合せ，計画書作成，積算，施工図作成，説明会，業者打合せ，地盤調査，確認申請提出，最終説明会

●全体工事期間＝240 日（1970 年 4 月 1 日から同年 11 月 30 日）

　準備 10 日，掘削 85 日，移動開始から完了まで 115 日，定着工事 30 日。

なお，設備については給水の切り回し，フレキシブルな延長配管，配線が行われた。受電設備の盛替え，(特高の切り回し)が行われた。

●物件名称＝ブリヂストンタイヤ株式会社東京工場

　宿舎 A-1，A-2 棟移動工事

●構造＝鉄筋コンクリート造，地上 5 階建
●建築面積＝A1：987m²，A2：737m²，食堂：495m²，計：2,230m²
●延床面積＝A1：3,429m²，A2：3,406m²，食堂：724m²，計：7,560m²
●建物重量＝A1：4,920t，A2：4,175t，食堂：1,150t，計：10,245t
●曳家施工＝間瀬建設株式会社

5. 建物保存のための曳家 I

【京都旧二条駅】

[工事概要]

　以前，JR山陰線にあった二条駅は1904年に完成した日本最古の木造駅舎であった。JR山陰線の高架化の伴い，1990年には当初の位置から東側に18mほど移動して，一時固定後，1991年から駅舎として再利用された。高架工事が完了後，1994年には梅小路蒸気機関車館に移築され，資料展示館として改修された。

　駅舎は木造2階建，建築面積は644m^2，延床面積は813m^2，重量は約300tであった。曳家工事の方法は新設場所に新基礎を建設し，柱脚を根がらみで補強し，50cmジャッキアップし移動させ，新布基礎に固定した。移動用のレールは11本使用され，コロは300本使用された。移動には約1日半費やした。

▶ 35──旧二条駅移動工事

▶ 36──移動工事工程

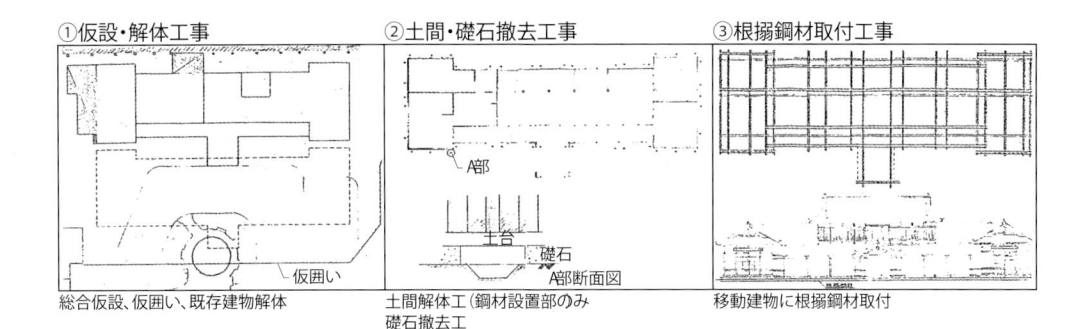

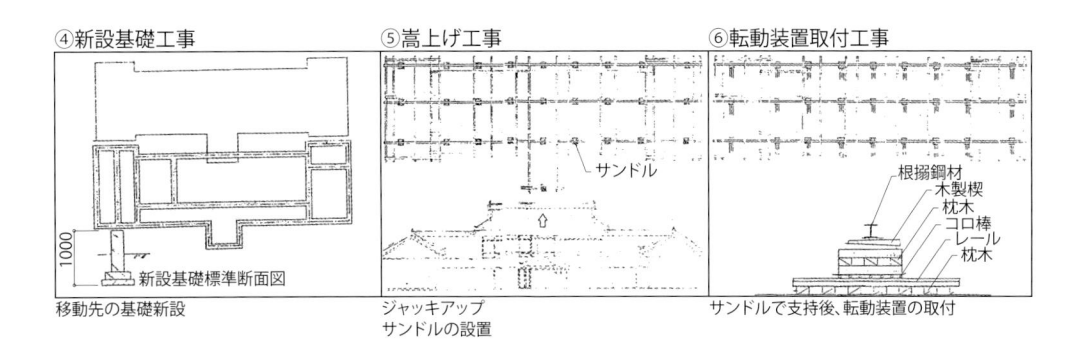

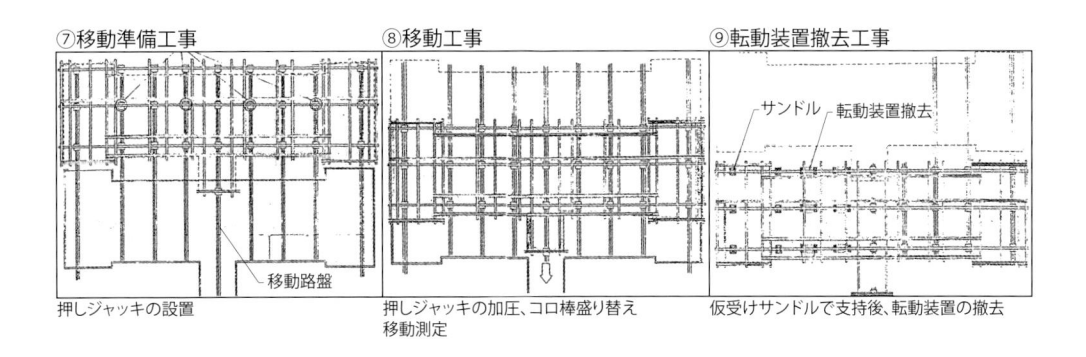

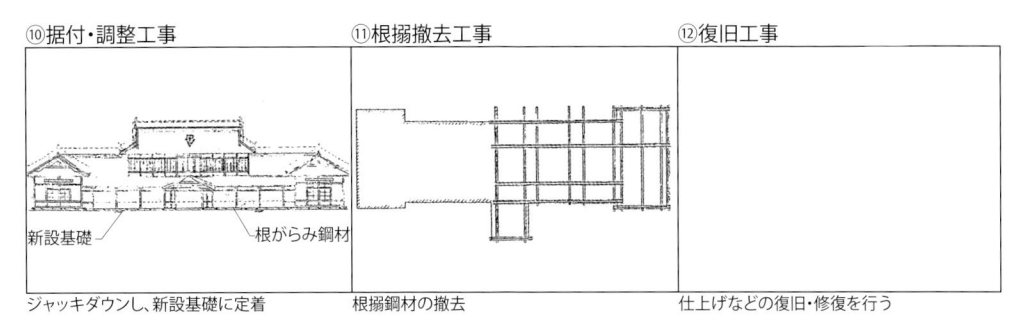

①仮設・解体工事	②土間・礎石撤去工事	③根搦鋼材取付工事
総合仮設、仮囲い、既存建物解体	土間解体工（鋼材設置部のみ） 礎石撤去工	移動建物に根搦鋼材取付

④新設基礎工事	⑤嵩上げ工事	⑥転動装置取付工事
移動先の基礎新設	ジャッキアップ サンドルの設置	サンドルで支持後、転動装置の取付

⑦移動準備工事	⑧移動工事	⑨転動装置撤去工事
押しジャッキの設置	押しジャッキの加圧、コロ棒盛り替え 移動測定	仮受けサンドルで支持後、転動装置の撤去

⑩据付・調整工事	⑪根搦撤去工事	⑫復旧工事
ジャッキダウンし、新設基礎に定着	根搦鋼材の撤去	仕上げなどの復旧・修復を行う

▶ 37 ── 施工計画図

- 所在地＝京都市中京区栂尾町地内（二条駅構内）
- 用途＝駅舎
- 曳家施工＝間瀬建設株式会社
- 構造＝木造2階建，直接布基礎
- 建築面積：644m^2
- 延床面積：813m^2
- 建物重量：約300t

【奈良駅舎】

［工事概要］

　当初の奈良駅は，1890年に鉄骨鉄筋コンクリート造（一部木造）平屋建の建物として開業し，その後，国有鉄道化された。1934年に今回移動された正面中央部が改築，さらに両翼が1958年に改築された。木造方形屋根に九輪の水煙の相輪があり，天井は折り屋根天井，柱頭・梁交叉部に古建築様式が見られ，外壁や四弁花，宝相花などが施されている。

　JR大和路線の奈良駅周辺連続立体交差事業に伴い，当建物が架線工事に支障をきたした。既存位置より回転約13度，ならびに東側に18m斜め移動した位置で，保存することになった。工事が完了後，現在は観光案内所として利用されている。

［施工細部説明］

a) 一次掘削基礎補強工事

　1FL-1.7mまで掘削し，既存基礎を挟み込むように補強基礎躯体を設け，PC鋼棒で一体化とした。

b) 仮受け工事

　仮受け位置を掘削し，仮受け用の鋼管杭を圧入し，鋼管頭部で仮受けした。

　　鋼管：φ318.5，t=6，L=1m×5本，STK400×65本

c) 二次掘削工事

　1FL-3.35mまで掘深し，既存基礎下の栗石，捨コン，木杭を切断撤去した。

d) 耐圧版工事

　40cmの耐圧版コンクリート（D16@150上下，縦横とも）を打設した（一部地盤改良あり）。

e) 移動工事

　移動装置設置，仮受け鋼管切断撤去を繰り返し，一次移動（回転13度）を行った。

その後，移動装置を盛替え，二次移動（斜め移動18m）を行った。

f) 据付工事

　耐圧版上に仮受けを行い，移動装置を撤去，その後ジャッキダウン（30cm）を行った。

　耐圧版と基礎の間には鋼製サンドルとメカニカルジャッキを埋め殺しとし，鉄筋コンクリートで包み込んだ。既存基礎直下の隙間にグラウトを行い，建物を固定した。

［計測管理］
　建物の健全性を確認するために，建物に水盛り式沈下計と仮受け用の鋼管にかかっている軸力を継続的に測定し，電話回線を使用し集中管理した。

［工程］
- 地中梁補強＝2003年11月～12月
- 二次仮受け＝2004年1月～2月
- 移動準備工＝2月～3月末
- 曳家工事＝2004年4月～5月
- 定着完了＝2004年6月末

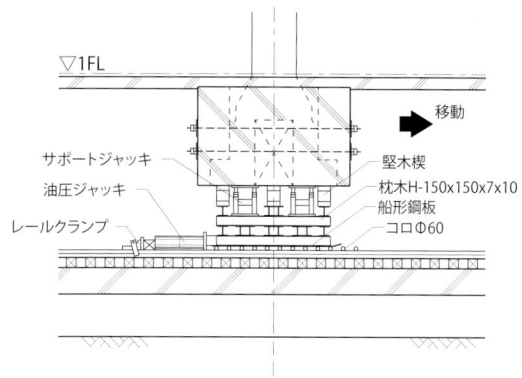

・推進装置設置
・回転移動　約13度

▶38──移動状況

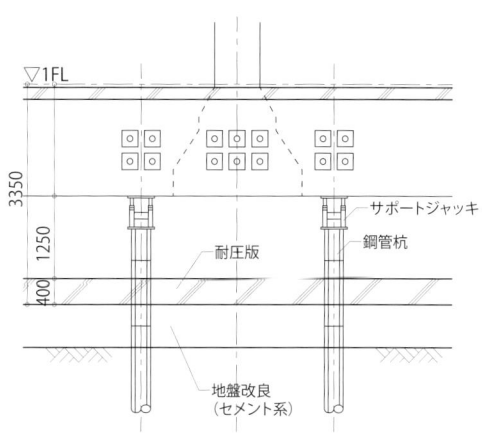

・地盤改良（既設、移設位置共）
・耐圧版コンクリート打設
・仮受け鋼管杭設置、プレロード

▶39──路盤敷設・仮受け杭

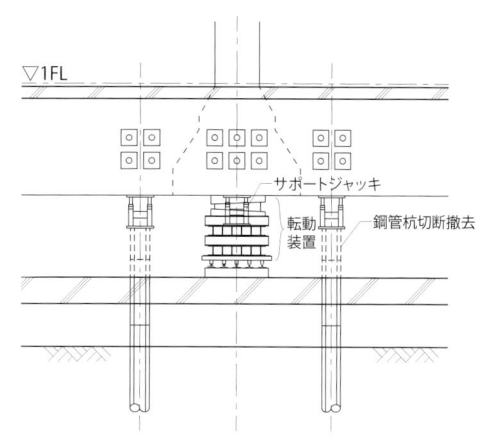

・移動位置隅出し、路盤軌跡隅出し
・移動路盤敷設
・転動装置取付、プレロード
・仮受け鋼管杭切断撤去
・推進装置設置

▶40──移動装置取付状況

▶41──移動状況

▶ 42──移動装置

▶ 43──移動状況

▶ 44──完了全景

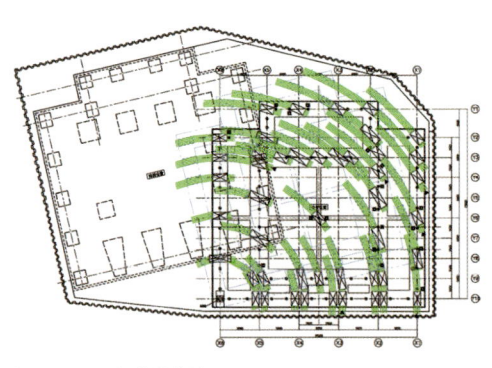

▶ 45──回転移動軌跡

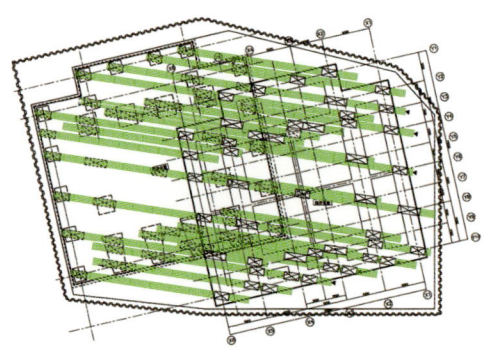

▶ 46──斜移動軌跡

- 物件名称＝奈良駅本屋一号
- 所在地＝奈良県奈良市三条本町 1-1
- 構造＝鉄骨鉄筋コンクリート構造
  （一部木造），平屋建
- 曳家面積＝約 550m^2
- 概算重量＝ 3,500t
- 曳家工法＝無切断浮揚方式
- 発注者＝西日本旅客鉄道株式会社
- 施工者＝株式会社大林組
- 施工時期＝ 2003 年 5 月〜翌年 9 月
- 曳家施工＝間瀬建設株式会社

【旧横浜銀行本店別館】

［工事概要］

　旧横浜銀行本店別館は旧第一銀行横浜支店として昭和初期に建築され，その玄関部はトスカナ式円柱が4本ある代表的な銀行建築として，1989年に横浜市が歴史的建造物に登録した。

　再開発事業に伴うみなとみらい線地下鉄工事の支障となるため，取り壊されることになっていた。しかしながら，玄関部分だけでも保存しようという声が強く，移動・保存工事を行うことになった。

［工事細部説明］

a) 土工事・仮受け

　1階の土間コンクリートを解体し，まず既存基礎根入れまでの一次掘削を行う。その後，基礎した1.5m下がりまで部分的に掘深し，仮受(H型鋼材サンドル)，耐圧版を打設した。これを3回繰り返し，厚さ50cmの耐圧版を設けた。

b) 嵩上げ工事

　既存基礎下に14か所組まれた鋼製サンドルの中にオイルジャッキ（150t，100t）をセットし，15cmを1ステップとし，4mを27ステップで嵩上げした。アップ量の計測は歪式変位計5台を使用して，油圧のコントロールを行う集中制御による。1.05mアップした段階で，

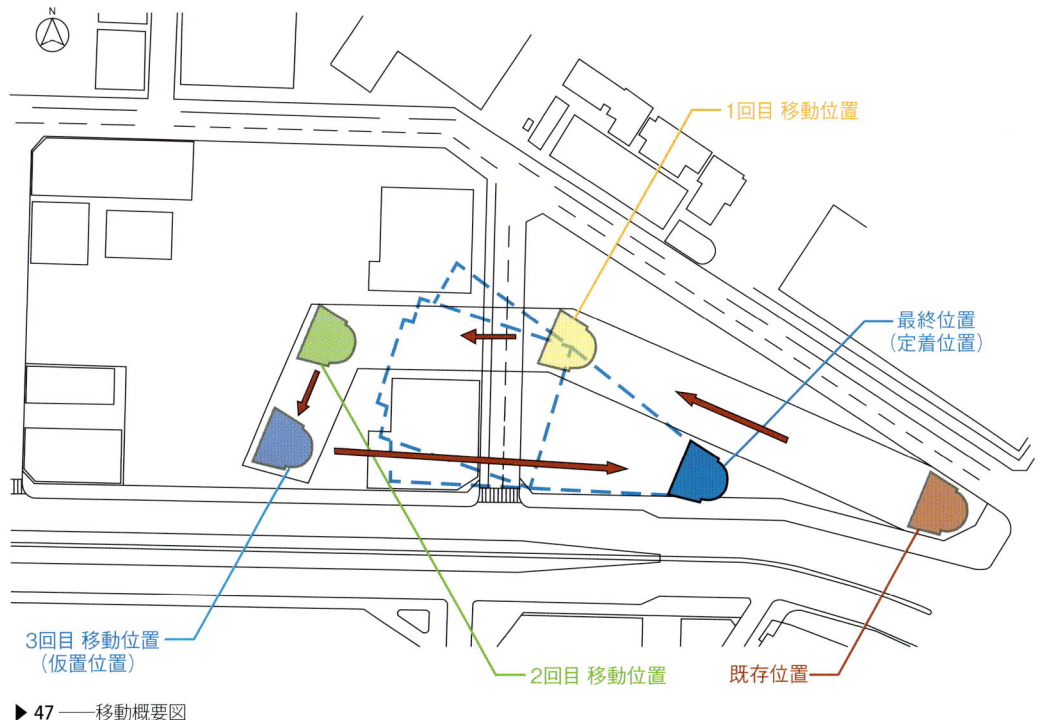

▶47──移動概要図

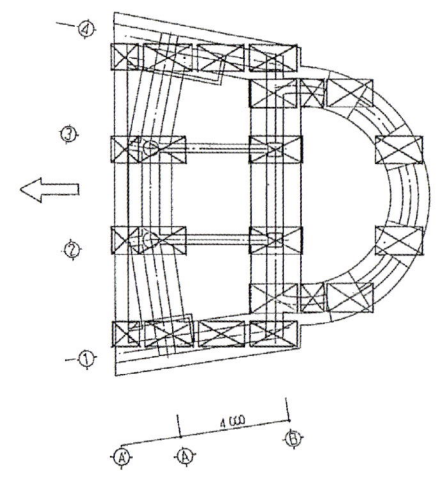

▶ 48 ──── 一次移動：移動方向と移動装置配置図

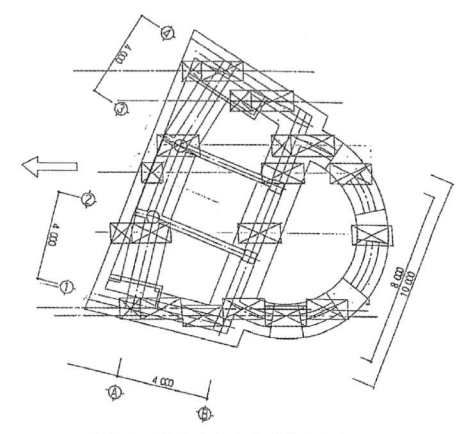

▶ 49 ──── 二次移動：移動方向と移動装置配置図

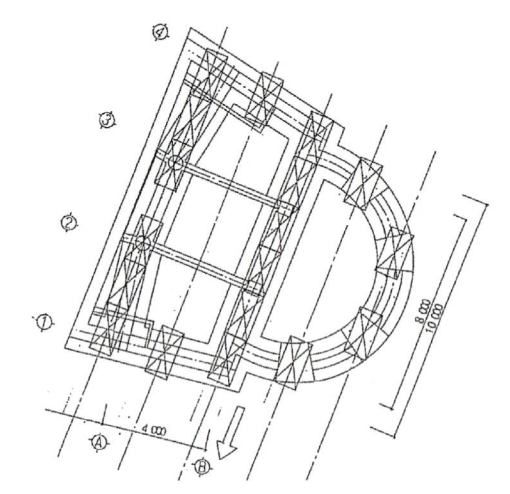

▶ 50 ──── 三次移動：移動方向と移動装置配置図

▶ 51 ──── 移動状況

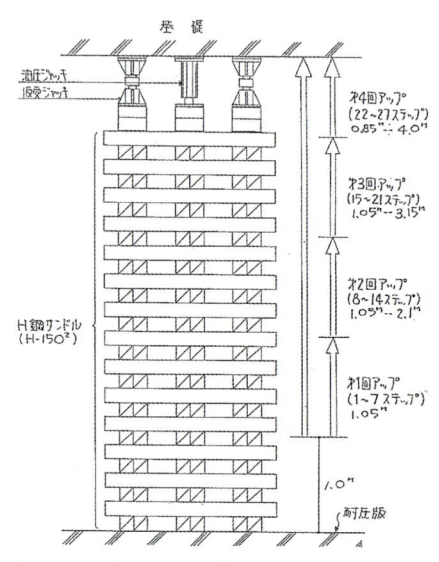

▶ 52 ──── ジャッキアップ 4m のサンドル

▶ 53 ──── 竣工時の姿（旧第一銀行横浜支店）

下部を軽量盛土材で充填材し，サンドルの水平拘束とした。同様に，2.1m，3.1m アップした段階で，おのおのに軽量盛土材を充填した。

c）移動工事

一次移動 92.5m，移動装置を盛替え，二次移動約 55m，さらに移動装置を盛替え，三次移動約 25m を行った。

- ●物件名称＝北中通南地区第二種市街地再開発事業　横浜銀行保存その他工事
- ●所在地＝横浜市中区北中通および本町の一部
- ●建築主＝住宅・都市整備公団　関東支社
- ●設計・管理＝住宅・都市整備公団　関東支社
- ●建物概要＝横浜銀行本店別館（旧第一銀行横浜支店）
- ●建設年次＝1929 年（設計・施工：清水建設㈱）
- ●構造＝鉄筋コンクリート造，地上 4 階建，直接基礎（布基礎，杭地業なし）
- ●建築面積＝82.42m^2
- ●延床面積＝164.84m^2
- ●建物重量＝約 880t（内補強自重約 190t）
- ●曳家施工＝間瀬建設株式会社

▶ 54──保存された現状

【旧鹿児島県庁舎本館玄関】

［工事概要］

　鹿児島県庁舎本館玄関部は1925年に建設され，築75年を経て，なお鹿児島県のシンボルとして多くの県民に親しまれていた。この歴史的にも価値のある鹿児島県庁舎本館玄関部を文化財として保存し，免震構造にして新たな博物館として利用するために，移動保存することになった。

［施工細部説明］

a）仮設準備工事

　事前調査，建物養生，外構工作物の撤去，樹木の移植・伐採，支障設備の切り回し・撤去。

b）解体工事

　1階の床，建物両妻部・地下階段を解体。

c）新設耐圧版工事

　地下と1階間に新設耐圧版を設置。耐圧版は厚さ40cm，鉄筋はD13@200縦横，上下ともとした。既存建物を支えるために補強梁も新設。

d）新設基礎工事

　定着位置において，事前に免震ピット底盤を新設。

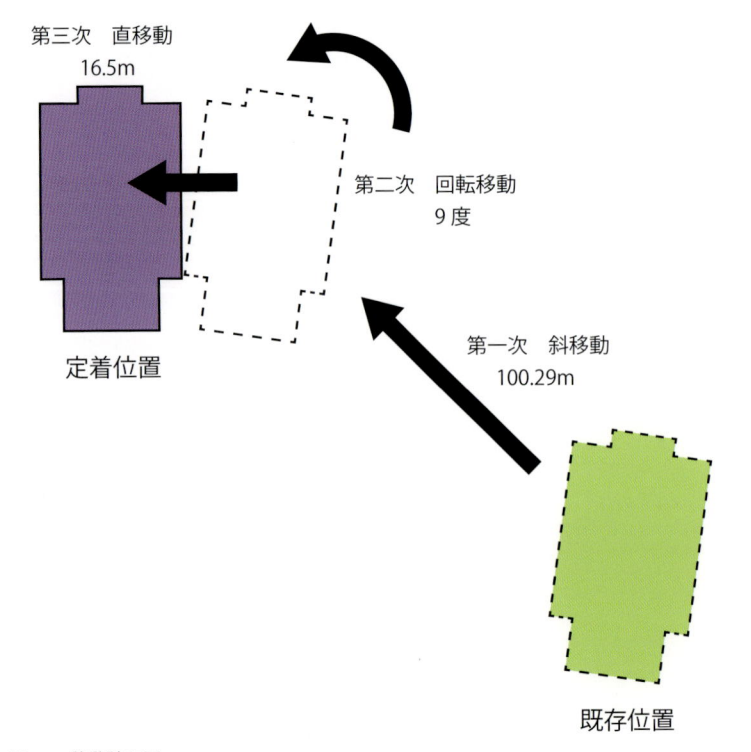

▶ 55 ──移動計画図

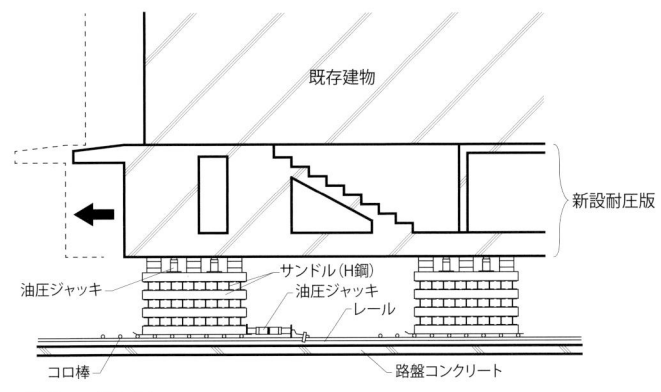

▶ 56——移動工　断面図

e）移動路盤工事

　移動路盤のために地盤改良を行い，移動用の路盤コンクリートを打設。

f）仮受け・柱解体工事

　新設耐圧版，補強地中梁の下で建物を仮受けし，地下の柱を切断。

g）ジャッキアップ工事

　鋼製サンドルを要所要所に組み，建物をオイルジャッキで74cmアップ。

h）移動工事

　移動装置を組み，一次移動：斜引き100.29m，二次移動：回転9度，三次移動：直引き16.5m。

i）据付調整

　移動装置内部のオイルジャッキで高さの微調整を行い，新設基礎上の免震装置上部を充填，硬化後，免震装置へ荷重を移した後に移動装置を撤去。

- 物件名称＝旧鹿児島県庁舎本館玄関部
- 所在地＝鹿児島県鹿児島市山下町14番50号
- 建築年次＝1925年
- 曳家時期＝1999年8月〜2000年11月
- 曳家設計＝㈱日本設計
- 施工＝大林・ミスミJV
- 建築面積＝442.56m^2
- 延床面積＝957.84m^2
- 重量＝2,138.3t（曳家時）
- 構造＝鉄筋コンクリート造，地下1階地上3階建，高さ19.605m
- 用途＝博物館へ用途変更
- 曳家施工＝間瀬建設株式会社

▶ 57──移動前全景

▶ 61──移動状況

▶ 58──ジャッキアップ

▶ 62──移動状況

▶ 59──免震装置設置状況

▶ 63──移動完了

▶ 60──移動状況

▶ 64──免震装置設置

【北國銀行武蔵ケ辻支店】

［工事概要］

2007年10月に，村野藤吾設計の北國銀行武蔵ケ辻支店が近江町市場内再開発工事内にあり，国道拡張に伴い移動した。移動は斜移動・浮揚総移動工法―無切断工法で行われた。

石川県金沢市下堤町に位置する北國銀行武蔵ケ辻支店（旧加能合同銀行本店）は昭和の代表的な建築家村野藤吾の作品で，1931年に完成した建物である。タイル貼り3階建のファサードに，三つ並んだ小塔型の窓を持つ建物で，北欧の香りを醸し出すモダン・ムーブメントである。

本建物は金沢の台所である近江町（おおみちょう）市場に隣接しており，土地建物の利用状況から武蔵ケ辻第四地区計画第一種再開発事業が実施される対象地区内に位置していた。

本建物は武蔵ケ辻地区再開発事業で地下道の建設や国道の拡幅工事を行う際に支障となり，事業計画の中で建物は存亡の危機にさらされていた。

日本建築学会は，1993年7月に歴史的・文化的重要な本建物を町のランドマークとして保存するように，金沢市長らに要望書を提出していた。これに対し，北國銀行は2006年1月19日に本建物を曳家工法により保存することを発表し，実施された。

［施工細部説明］

a) 仮受け工事

既存建物と移動後の据付位置が一部重複しており，据付位置の基礎掘削のために深い位置からの仮受け（一時的に建物を支える）が必要な部位があった。一般部は基礎下にサンドルを組み，据付位置と重複する部位は深礎掘削，鋼管柱による仮受けとした。

b) 移動工事

移動装置取り付け完了後，約20mの移動（回転9度を含む）を行った。

周囲の障害物を避けるため，まず，一次移動として15mの段階で9度回転移動を完了させ，二次移動で斜め移動5mを行った。

移動完了後，移動装置内部のジャッキと追加でセットしたオイルジャッキを用いて，建物の微調整アップを行った。

c) 既存基礎フーチング撤去工事

仮受けの状態で，既存フーチングをワイヤーソーで切断した。

d) 免震化工事

新設基礎上に移動完了後，免震装置を取り付ける位置を避け，仮

受けした状態で免震下部の躯体を新設し，免震部材を設置，さらに免震上部躯体を打設した。

その後，仮受けの状態から免震部材へ荷重を受け替えていった。免震部材（積層ゴム）の鉛直応力歪を考慮して，鉛直変位と荷重を集中管理しながらの施工とした。

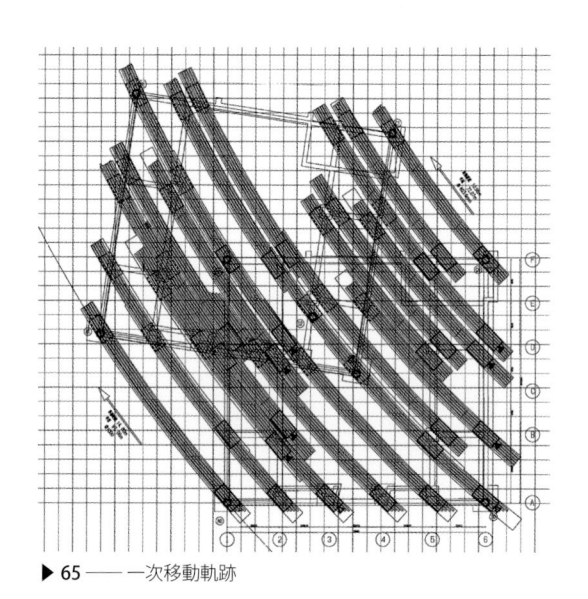

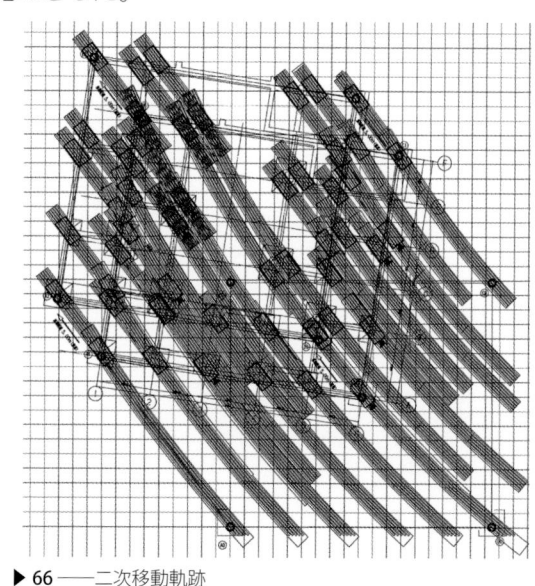

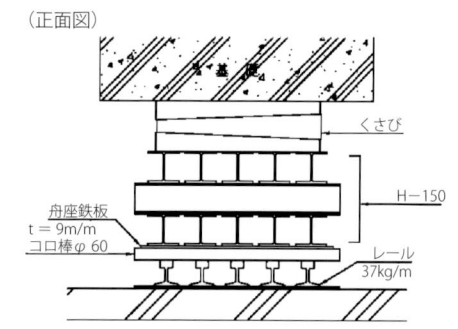

▶ 65ーー一次移動軌跡

▶ 66ーー二次移動軌跡

▶ 67ーー移動装置

- 物件名称＝北國銀行 武蔵ヶ辻支店
- 所在地＝石川県金沢市下堤町
- 建築年次＝1932年竣工
- 設計＝村野藤吾
- 施工＝清水組
- 用途＝事務所
- 建築面積＝402.5m^2（移動対象部分は約310m^2）
- 構造＝鉄筋コンクリート造，地上3階建
  （地下1階は工事に伴い解体），直接基礎（独立基礎）
- 建物重量＝約2,200t（移動対象部）
- 曳家施工＝間瀬建設株式会社

▶ 68――掘削状況

▶ 71――移動状況

▶ 69――耐圧版配筋状況

▶ 72――免震化状況

▶ 70――移動装置

▶ 73――全景

【日本工業倶楽部会館】

［工事概要］

　登録有形文化財である歴史的建造物「日本工業倶楽部会館」の保存・再現工事のうち，保存部の曳家・免震化工事，本工事は国宝重要文化財等整備費補助金の交付を受け，保存工事時の発生材料を極力再使用した。

［移設詳細概要］

a）準備工事

　外装，内装材の取り外し，再現に細心の注意が払われた。小倉右一郎氏の作である石炭と紡績を表す男女の像は台座ごと採取され，新設躯体に取り付けられた。石，タイル，テラコッタも再現化が行われ，石膏装飾も型取りし，再現された。木材は，現場で2か月以上自然乾燥させたもので再現した。石材は表面を傷めないよう裏面加工し，安全に取り付け再現した。

b）施工順序

①鋼管柱打設
②仮梁（H-1250×600×32×70）設置・プレロード・仮受け
③既存基礎解体
④本設支持梁構築（免震基礎とも）
⑤移動 1.2m
⑥仮受け
⑦仮受け梁撤去
⑧免震装置設置

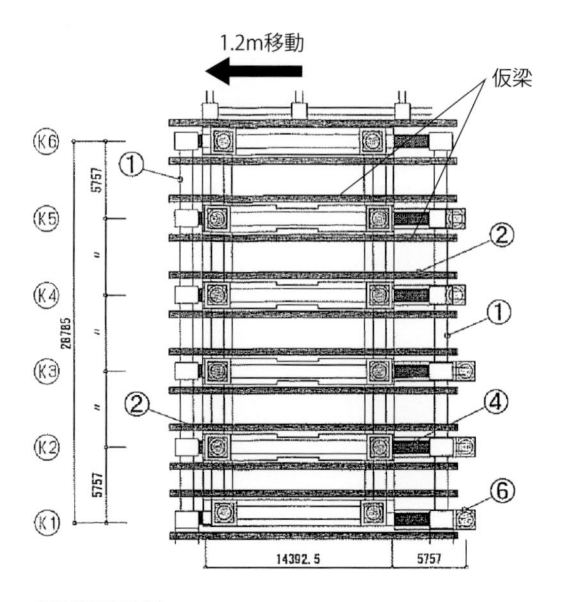

▶ 74──転動装置平面図

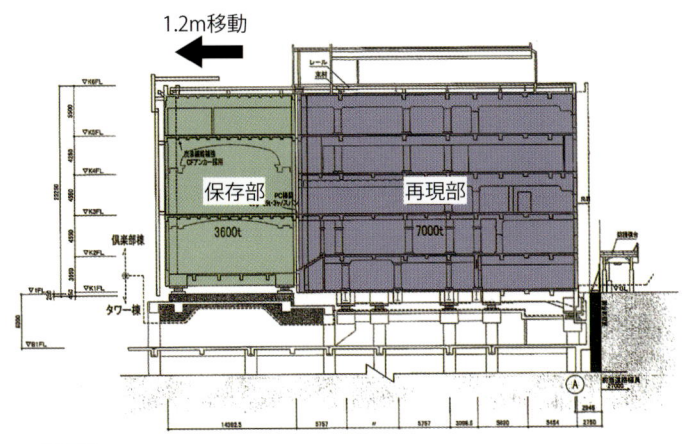

▶ 75──断面図

c）施工詳細

　移動装置24台の転動装置を設置後，オイルジャッキ6台で推進移動した。

　5cm移動ごとに移動距離，建物のレベル確認，建物状態に異常がないことの確認をしながら，慎重に移動した。建物の据付精度は±5mm。免震受けフーチングで建物を仮受けした後に，移動装置，コロ，レールの撤去を行った。

▶ 76──受梁取付状況

▶ 77──受梁取付状況

▶ 78 ──受梁取付状況

▶ 79 ──受梁取付状況

▶ 80 ──プレロード状況

▶ 81 ──受梁取付状況

▶ 82 ──全景

- 物件名称＝日本工業倶楽部会館・永楽ビルヂング新築工事のうち倶楽部曳家工事
- 構造＝鉄筋コンクリート造，地上5階建
- 保存面積＝ 1,682m²
- 概算重量＝ 3,600t
- 施主＝社団法人日本工業倶楽部
- 設計＝三菱地所株式会社
- 施工＝清水建設株式会社
- 曳家協力＝間瀬建設株式会社

6. 新幹線建設に伴う曳家

【加藤智彦邸 土蔵】

［工事概要］

　新幹線建設に伴う曳家工事である。石積みの布基礎，外壁は本漆喰仕上げであり，保存を完全に行うために基礎石ごと移動した。基礎最下段の敷石を撤去し，その下に少しずつ，鉄筋コンクリート補強梁を設けることで，最終的に連続地中梁の上に石積み基礎が乗るような形態にした。約90m先の定着位置に，補強梁ごと建物を据え付けた。

［施工細部説明］

a）補強梁の構築

　布石の最下段の敷石（1尺×4尺×7寸）を1か所ずつ撤去し，その部分のみ掘削，その下に補強梁（600mm×500mm，上下主筋5-D16）を築造，全体を20分割し，繰り返し築造した。

b）浮揚工事

　補強梁構築，油圧ジャッキ50tを使用，2mジャッキアップした。

c）移動工事

　補強梁の下に転動装置を組み込んで直曳き，東へ移動，さらに北側へ移動，計約100mの移動を行った。

d）新設基礎

　定着位置に事前にマットスラブを築造した。マットスラブは縦横厚さ50cm，上下D16，ピッチ200〜300mmの鉄筋を敷設した。

e）据え付け工事

　マットスラブも上に建物をジャッキダウンし，据え付け固定。

- 物件名称＝加藤智彦邸 土蔵
- 所在地＝埼玉県北足立郡伊奈町
- 構造＝木造，地上2階建，布基礎（敷石，石積）
- 建築面積＝59.39m^2
- 建物重量＝59.3t
- 曳家施工＝間瀬建設株式会社

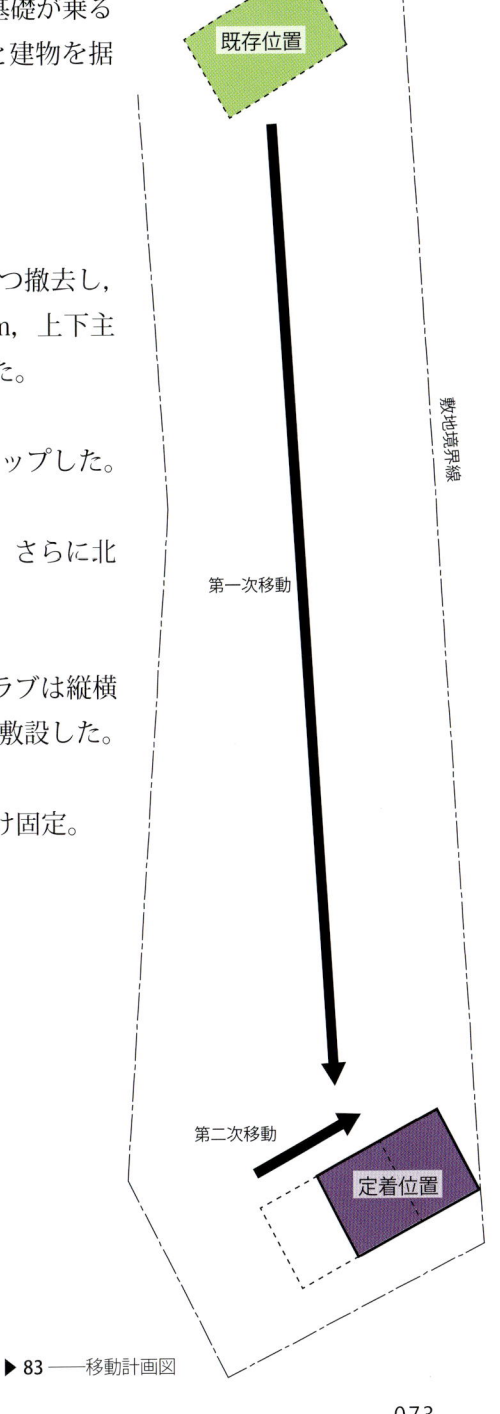

▶ 83 ── 移動計画図

▶ 84──補強地中梁

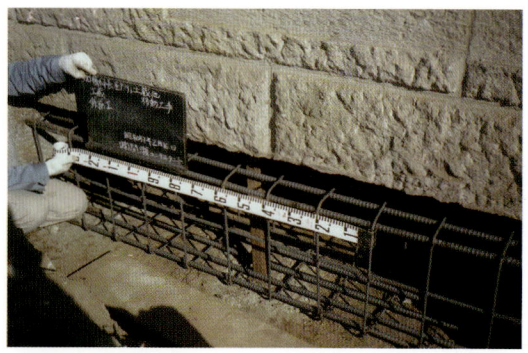

▶ 85──補強地中梁

▶ 86──ジャッキアップ

▶ 87──一次移動状況

▶ 88──二次移動状況

▶ 89──一次移動状況

▶ 90──ジャッキダウン

▶ 91──完了全景

【加藤智彦邸 長屋門】

［工事概要］

　新幹線建設に伴う移動工事である。東北新幹線，上越新幹線の分岐点に近く，敷地内を新幹線が通過するために新幹線東側に長屋門，蔵，祠などを曳家した。母屋は建て替えとなった。

　長屋門は根掛工法，蔵は既存石基礎（布基礎）下にRC構造の新設補強梁（幅50cm，高さ100cm）を分割施工で設け，地上部に嵩上げ，約100m先の新位置に移動させた。

［施工細部説明］

a）新設基礎

　既存基礎は大谷石無垢基礎であったが，新設基礎はRC布基礎の上に大谷石を化粧材として貼るものとした（移動前に新設基礎を築造済）。根掛鋼材の貫通する部位は箱抜きとし，最終段階で鉄筋を添えて溶接補強した。

b）根掛工事

　根掛鋼材はH型鋼を主体。

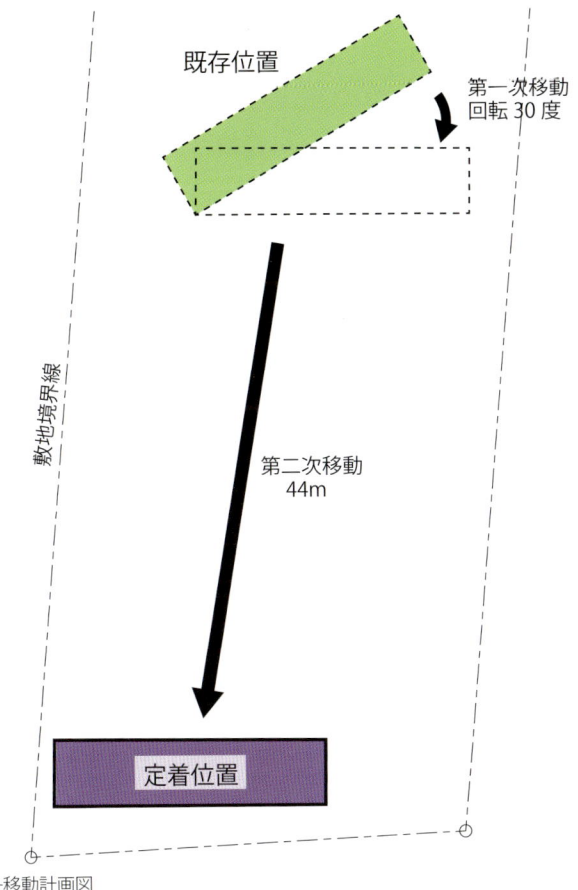

▶ 92──移動計画図

c) 嵩上げ

　手動オイルジャッキ（ダルマジャッキ 30t）を使用，土台から上部を約 50cm 嵩上げした。

d) 移動工事

　チルホール（3t）を使用し，動滑車を用いて，牽引力を 1/2 に落とした（索引法）。

e) 据え付け工事

　定着位置に建物を曳いた後，新設基礎に据え付ける。土台がアンカーボルトの高さに降下した段階で，建物の位置を調整した。当時，テフロン板の代わりに用いていたものが，化粧合板の化粧面同士を合わせ，その間に台所用洗剤の原液を塗ったものである（微調整スライド工法）。

　水平加力は，手動のダルマジャッキである。

●物件名称＝加藤智彦邸 長屋門
●所在地＝埼玉県北足立郡伊奈町
●構造＝木造，平屋建，大谷石布基礎
●建築面積＝ 86.95m^2
●概算重量＝ 43.5t
●曳家施工＝間瀬建設株式会社

▶ 93──根搦状況

▶ 97──移動装置歯止め状況

▶ 94──根搦状況

▶ 98──路盤敷設状況

▶ 95──根搦状況

▶ 99──根搦状況

▶ 96──移動状況

▶ 100──移動全景

077

7. 都市再開発による移動

【亀戸浅間神社】

[移動原因]

　浅間神社は，富士山の神格化した浅間大神，または記紀に現れる木花咲耶姫命(コノハナサクヤヒメノミコト)を祀る神社である。本移動工事は，亀戸9丁目再開発に伴い移転工事を行った。境内には，富士山を模した多くの富士塚があり，これらも今回の工事で移設した。今回工事は行うに当たり，亀戸浅間神社　再開発移築奉賛会，崇敬会事務局建設委員を中心に氏子の総意のもと，浅間神社宮司の神事が厳かに執り行われた。

[工事概要]

　既存位置で根搦工法による移動（回転25度，斜移動（31.2m＋7m）を行い，新設基礎上に据え付けた。

a）基礎工事

　既存基礎は布石基礎であったが，新設基礎は鉄筋コンクリート基礎の上に見えがかりの布石を伏せるものとした。

b）移動工事

　富士塚を傷めないようにするため，根搦完了後，建物を50cm現状位置で嵩上げし，回転25度の移動を行った。その後，新設位置へ移動し据え付けた。

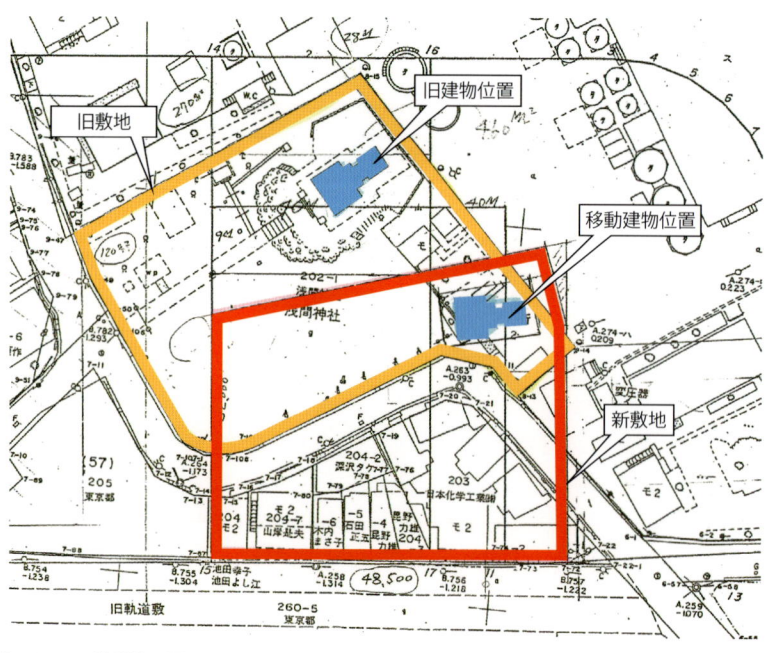

▶ 101——移動計画図

▶ 102──根揃要領図

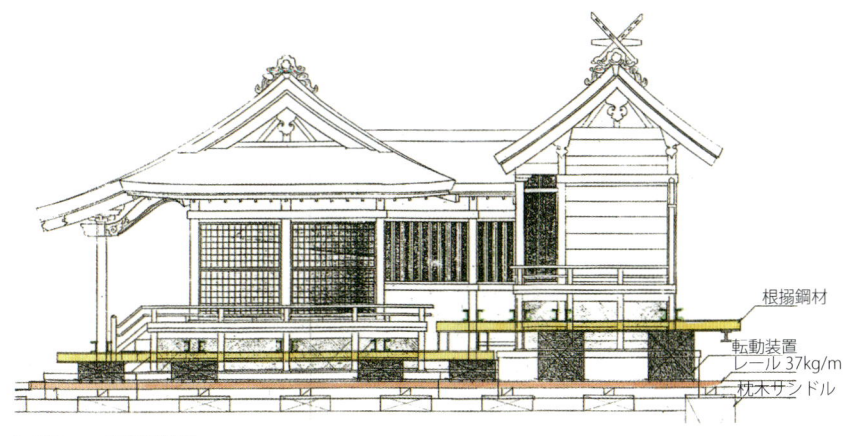

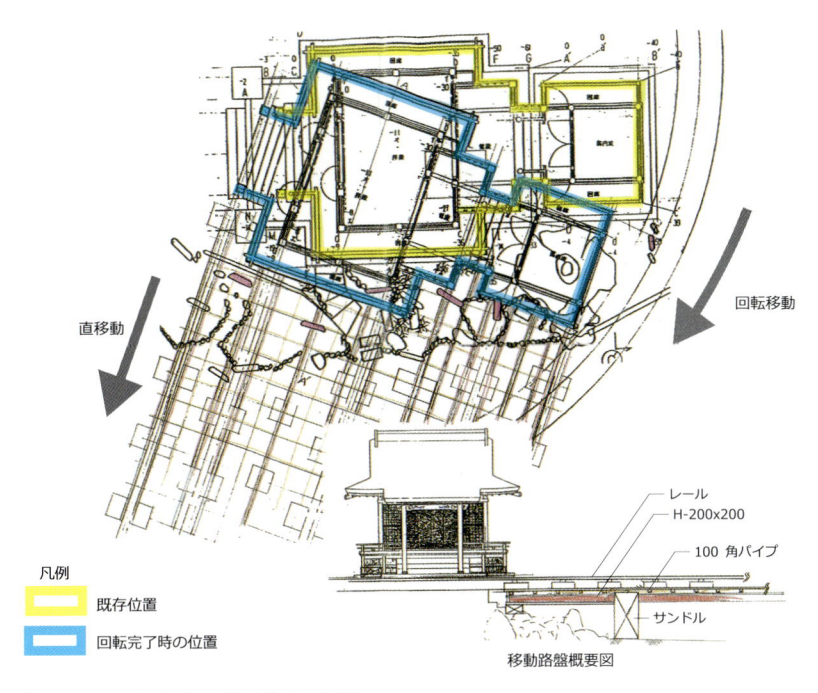

▶ 103──回転移動図（富士塚上部通過）

凡例
　既存位置
　回転完了時の位置

- ●物件名称＝亀戸浅間神社移動工事
　（江東区指定有形民俗文化財「亀戸の富士塚」）
- ●所在地＝東京都江東区亀戸 9-15-7
- ●構造＝木造，平屋建
- ●延床面積＝ 29.97m²
- ●概算重量＝ 30t
- ●曳家施工＝間瀬建設株式会社

▶ 104──ジャッキアップ完了・移動前

▶ 108──移動路盤（回転用）

▶ 105──ジャッキアップ完了・移動前

▶ 109──新設基礎上へ移動

▶ 106──ジャッキアップ完了

▶ 110──新設基礎上へ移動

▶ 107──新設基礎上へ移動

▶ 111──完了全景

8. 平屋建を2階建に改築

【万福寺本堂】

［工事概要］

　平屋建の本堂（5間×5間）を2階建にするため，既存の本堂を一旦，仮曳きし，既存位置に鉄筋コンクリート構造の躯体を新設し，その上に既存の本堂を据えた。

［施工詳細説明］

a) 仮設工事

　設備の切り回し（電気引き込み線切断）

b) 根搦工事

　既存土台の下端に根搦鋼材（H-150×150mm，H-200×200mm）を縦横に流し，ボルトで締結。

c) ジャッキアップ工事

　オイルジャッキを根搦鋼材の下に入れ，50cmジャッキアップし，移動用の路盤（軌条37kg/m）を敷設し，移動装置を取り付けた。

d) 一次移動工事

　仮置き位置へ移動し，仮受けした。新設鉄筋コンクリート躯体ができるまで仮置き。

e) 嵩上げ工事

　新設躯体の2階へ据え付けるために，3.5m嵩上げ（ジャッキアップ）した。

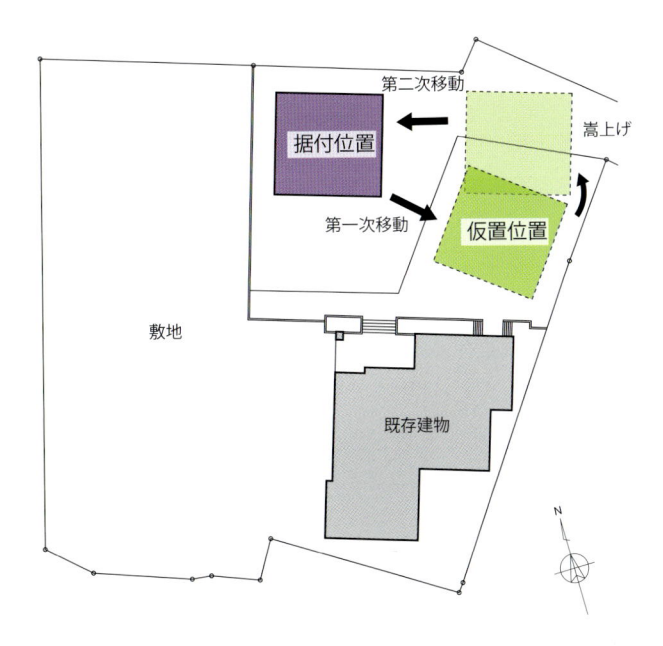

▶112——移動計画図

f）二次移動工事

　定着位置に向けて移動路盤を敷設し，移動装置を取り付け，50tオイルジャッキで推進。

g）新設躯体上で仮受けし，移動装置，移動路盤撤去。

h）定着工事

　新設基礎の上に，建物を据付（ジャッキダウン）。

i）根搦鋼材撤去工事

　土台下根搦鋼材撤去，サンドル材とともに場外搬出。

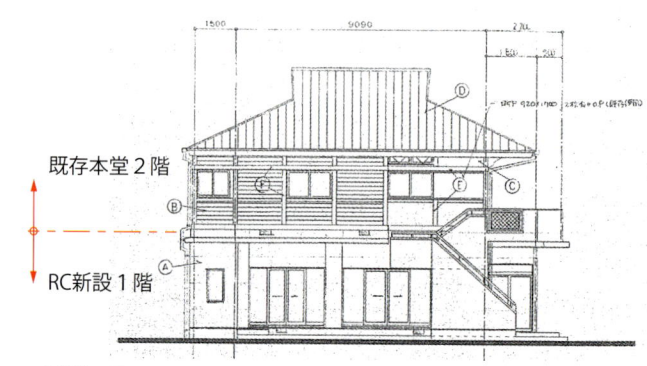

▶ 113──南側立面図

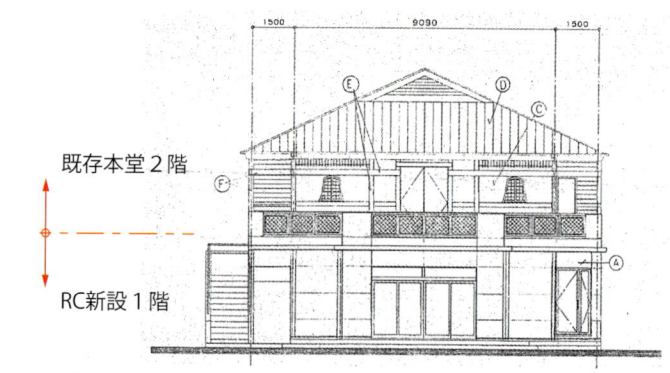

▶ 114──東側立面図

● 物件名称＝万福寺本堂改修工事（本堂の移設）
● 所在地＝東京都墨田区東墨田 3-12-19
● 構造＝木造，平屋建（改修前）
● 建築面積＝ 83m² （改修前）
● 施工時期＝ 1994 年〜 1995 年
● 曳家施工＝間瀬建設株式会社

▶ 115 ── 一次ジャッキアップ

▶ 119 ── 移動装置

▶ 116 ── 移動状況

▶ 120 ── 移動状況

▶ 117 ── 一次ジャッキアップ

▶ 121 ── 移動状況

▶ 122 ── 完了

▶ 118 ── 二次ジャッキアップ

9. 建物保存のための曳家 II

【千葉市美術館・中央区役所（旧川崎銀行千葉支店）】

　大谷幸夫と大谷研究室の設計と監理により，1991年から1994年に建設された。敷地内には矢部又吉設計と伝えられる1927年竣工の旧川崎銀行千葉支店が現存し，市の施設として利用されていた。このルネッサンス様式の銀行建物を保存し，新設美術館・中央区役所と鞘堂方式で合体するため，曳家方式が採用された。敷地条件と保存工事の趣旨から無切断工法が計画され，▶123のような浮揚・沈下工法総移動工法を採用した。全体計画では保存建物の下に機械室，地下駐車場などを設け，建物上部には区役所と千葉市美術館を計画，高密度建築物となることが期待された。計画時には，基礎下で工事を進める逆打ち工法と，一時建物を後背部に移動仮置きし，その間に地下工事を完成させたのちに，初期位置に戻し，固定する曳家工法との比較検討をした結果，曳家工法が採用された。

［工事概要］

　曳家工法の重要検討項目は，水平移動，上下移動のいずれでも保存建物に悪影響を及ぼさないこと，正確に予定位置に設置できることであった。過去の記録を調べ，移動時の構造変異を1/1,000以下に抑えられるかを検討し実行した。工事進行概要は下記のように計画した。

　水平移動に際し今回は多少の曲がりを入れており，水平座標の管理も厳密に行っている。常に建物の水平レベルを測量し，有害な変異を生じないようにした。管理値の各数値は，過去に記録された数値と同じ傾向を示している。移動中の曲げや水平位置の管理は，コロの方向を，職人が叩いて修正し，最終的に正確に合わせていく。結果はほぼ設計通りであった。最終位置は新たな地下構造物の上に設置するために，移動中の新構造物の変異も測定した。▶127は，特にセンター部分の左右のずれの最終位置での管理値を示している。＋側のずれを戻し，基準墨芯から2mmずれたが，真っ直ぐに設置された。

［保存建物概要］

- 構造規模＝鉄筋コンクリート造，平屋一部2階建，
  外壁は稲田花崗岩積み
- 床面積＝一次移動時：494.02m^2，二次移動時：378.91m^2
- 重量＝一次移動：3,185t，二次移動：2,879t
- 押力＝建物重量比：平均3.57％，最大4.90％，最小3.11％

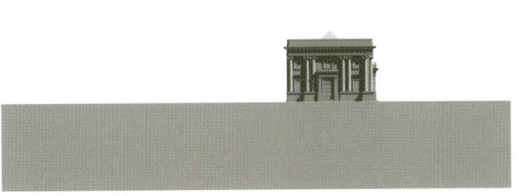

1．既存の状況

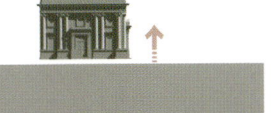

2．315mmジャッキアップ

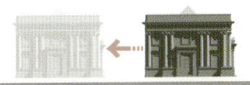

3．仮置き場に移動（曳家）

4．保存建屋地下工事

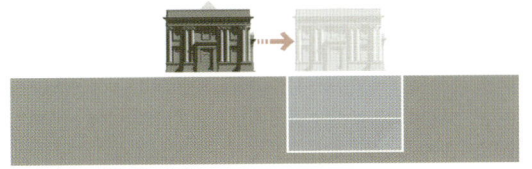

5．元の場所に移動

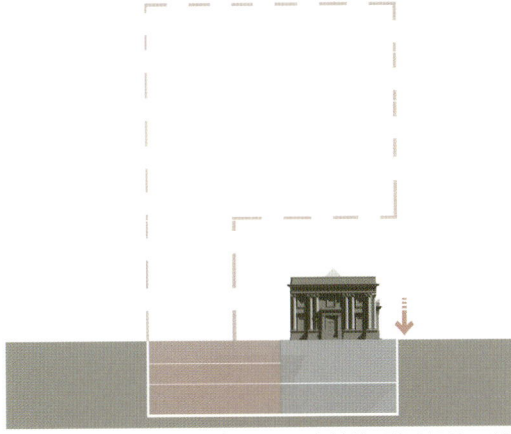

6．315mmジャッキダウンして定着後,残り部分の基礎工,鞘堂建物を新設する

▶ 123──移動工事概要図

▶ 124──横断面図

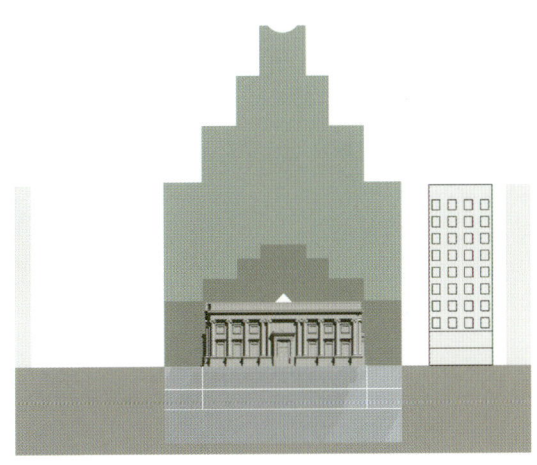

▶ 125──正面断面図

▶ 126──模型写真（大谷研究室作）

［全体概要］
- ●名称＝千葉市美術館・中央区役所
- ●所在地＝千葉市中央区中央 3-1-8
- ●設計＝大谷幸夫・大谷研究室，千葉市建設局建築部営繕課，青木繁研究室，総合設備計画他
- ●構造＝鉄骨鉄筋コンクリート，地下3階地上12階塔屋1階建
- ●敷地面積＝ 2,331.23m^2
- ●建築面積＝ 1,859.67m^2
- ●延床面積＝ 17,499.75m^2
  （美術館：11,943.38m^2，区役所：5,565.77m^2）
- ●設計期間＝ 1989 年 12 月〜 1991 年 3 月
- ●施工期間＝ 1991 年 9 月〜 1994 年 12 月
- ●施工＝清水建設・西松建設・中野組・三菱建設共同企業体
- ●曳家施工＝間瀬建設株式会社

　一次移動管理表から，移動時間は1ステップ（2台のジャッキが最長押す時間と距離）当たり，距離は380mm弱で，ジャッキ稼働実働時間は3分程，ジャッキ盛替えに7分以上かかっている。推進力は始めと，コロの向きを変え，方向を修正するときは抵抗があり，総重量の4.8％程度であるが，直進しているときは3.3％程度で移動できる。

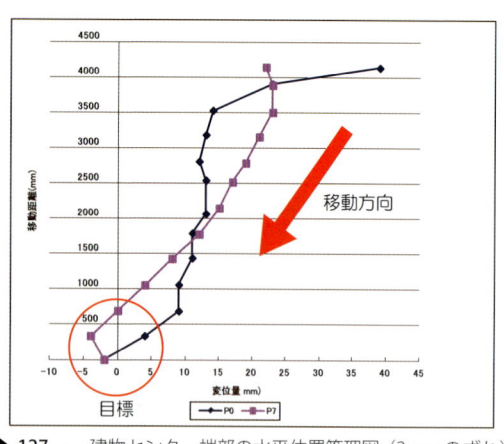

▶127──建物センター端部の水平位置管理図（2mmのずれ）

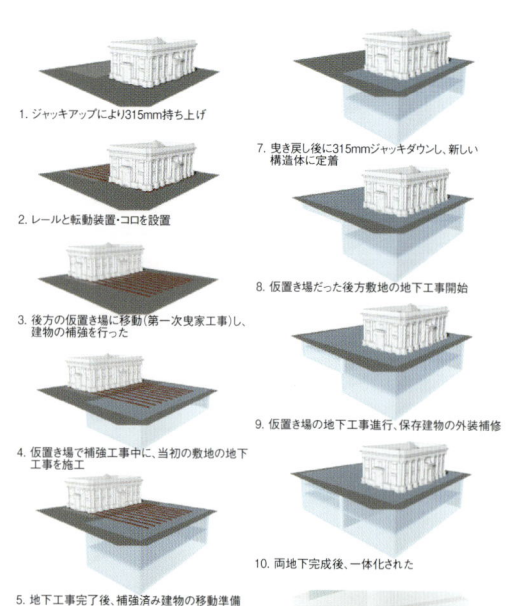

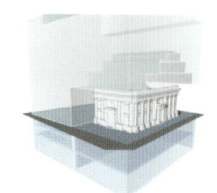

▶128──全体計画のダイアグラム

1. ジャッキアップにより315mm持ち上げ
2. レールと転動装置・コロを設置
3. 後方の仮置き場に移動（第一次曳家工事）し，建物の補強を行った
4. 仮置き場で補強工事中に，当初の敷地の地下工事を施工
5. 地下工事完了後，補強済み建物の移動準備
6. 第二次曳家工事で元の場所に曳き戻した
7. 曳き戻し後に315mmジャッキダウンし，新しい構造体に定着
8. 仮置き場だった後方敷地の地下工事開始
9. 仮置き場の地下工事進行，保存建築の外装補修
10. 両地下完成後，一体化された
11. 保存建物は新建築物に取り込まれ，保護されている

▶ 129 ——移動前

▶ 130 ——移動中

▶ 131 ——移動後

087

			ステップ毎		移動距離1		移動距離2		Q方向のズレ		推進力			
ステップ	日時	開始	終了	P0	ステップ毎	P7	ステップ毎	Q0	Q4	kg/cm2	t	重量比		
1	05/13/92			372		370		385	219	NA	NA			
2	05/14/92	10:14:00	10:16:30	752	380	750	380			295	153.38	4.8%		
3	05/14/92	10:27:00	10:30:00	1,145	393	1,140	390			275〜250	143〜130	4.5%〜4.0%		
4	05/14/92	10:36:00	10:38:00	1,530	385	1,520	380			250	130	4.1%		
5	05/14/92	10:45:40	10:48:00	1,911	381	1,905	385			240	125	3.9%		
6	05/14/92	10:51:20	10:54:35	2,295	384	2,290	385			220	114	3.6%		
7	05/14/92	10:59:00	11:01:00	2,683	388	2,675	385	365	193	230〜215	120〜112	3.8%〜3.5%		
8	05/14/92	11:05:30	11:08:00	3,068	385	3,060	385			205	107	3.4%		
9	05/14/92	11:14:50	11:16:50	3,452	384	3,445	385			210	109	3.4%		
10	05/14/92	11:23:40	11:26:00	3,747	295	3,743	298			210	109	3.4%		
11	05/14/92	11:30:00	11:33:00	4,133	386	4,130	387			220	115	3.6%		
12	05/14/92	11:39:00	11:41:00	4,515	382	4,510	380	347	174	210	109	3.4%		
13	05/14/92	13:38:00	13:40:00	4,900	385	4,893	383	345	170	270〜230	140〜120	4.4%〜3.8%	第1日	
14	05/14/92	13:45:00	13:48:00	5,281	381	5,275	382	338	168	230〜210	120〜109	3.8%〜3.4%		
15	05/14/92	13:54:00	13:57:00	5,666	385	5,660	385	333	165	210〜200	110〜104	3.5%〜3.3%		
16	05/14/92	14:02:00	14:05:00	6,042	376	6,040	380	330	161	200〜195	104〜101	3.3%〜3.2%		
17	05/14/92	14:10:00	14:13:00	6,425	383	6,424	384	325	158	200〜190	104〜99	3.3%〜3.1%		
18	05/14/92	14:19:00	14:22:00	6,813	388	6,813	389	320	155	190	99	3.1%		
19	05/14/92	14:27:00	14:29:00	7,197	384	7,195	382	315	151	190	99	3.1%		
20	05/14/92	14:41:00	14:43:00	7,581	384	7,585	390	312	146	190	99	3.1%		
21	05/14/92	14:48:00	14:51:00	7,967	386	7,970	385	309	141	190	99	3.1%		
22	05/15/92	9:07:00	9:10:00	8,345	378	8,335	365	304	138	270〜250	140〜130	4.4%〜4.1%		
23	05/15/92	9:14:00	9:17:00	8,718	373	8,720	385	301	134	250〜220	130〜114	4.1%〜3.6%		
24	05/15/92	9:20:00	−	9,100	382	9,102	382	299	129	220	114	3.6%		
25	05/15/92	9:27:00	9:30:00	9,475	375	9,480	378	295	125	220	114	3.6%		
26	05/15/92	9:33:00	9:35:00	9,860	385	9,860	380	291	120	210	109	3.4%		
27	05/15/92	9:39:00	9:41:00	10,242	382	10,245	385	284	116	210	109	3.4%		
28	05/15/92	9:46:00	9:49:00	10,620	378	10,622	377	282	112	190	99	3.1%		
29	05/15/92	9:55:00	9:58:00	11,008	388	11,009	387	279	108	210〜190	110〜99	3.5%		
		10:05:00	stop									0.0%		
30	05/15/92	10:09:00	10:11:00	11,424	416	11,427	418	274	104	210	110	3.5%		
31	05/15/92	10:32:00	10:35:00	11,797	373	11,800	373	271	100	230	120	3.8%		
32	05/15/92	10:40:00	10:43:00	12,180	383	12,182	382	267	96	200	104	3.3%		
33	05/15/92	10:55:00	10:58:00	12,560	380	12,560	378	261	91	200	104	3.3%		
34	05/15/92	11:02:00	11:05:00	12,940	380	12,940	380	258	87	220〜190	114〜99	3.6%		
35	05/15/92	11:08:00	11:11:00	13,283	343	13,282	342	254	83	190	99	3.1%		
36	05/15/92	11:14:00	11:17:00	13,658	375	13,658	376	248	77	200〜190	104〜99	3.3%〜3.1%		
37	05/15/92	11:20:00	11:23:00	14,020	362	14,021	363	245	73	200〜190	104〜99	3.3%〜3.1%		
38	05/15/92	11:26:00	11:29:00	14,389	369	14,388	367	242	69	200〜190	104〜99	3.3%〜3.3%		
39	05/15/92	11:31:00	11:34:00	14,771	382	14,769	381	236	64	190	99	3.1%		
40	05/15/92	11:38:00	11:41:00	15,148	377	15,142	373	232	59	190	99	3.1%		
41	05/15/92	13:08:00	13:10:00	15,518	370	15,512	370	229	54	230〜210	120〜109	3.8%〜3.4%	第2日	
42	05/15/92	13:15:00	13:17:00	15,845	327	15,835	323	226	52	200	104	3.3%		
43	05/15/92	13:25:00	13:28:00	16,220	375	16,212	377	224	47	200	104	3.3%		
44	05/15/92	13:33:00	13:35:00	16,592	372	16,579	367	219	43	200	104	3.3%		
45	05/15/92	13:40:00	13:43:00	16,971	379	16,956	377	215	39	200	104	3.3%		
46	05/15/92	13:46:00	13:49:00	17,322	351	17,309	353	213	36	200	104	3.3%		
47	05/15/92	14:10:00	14:13:00	17,695	373	17,687	378	208	32	200	104	3.3%		
48	05/15/92	14:17:00	14:20:00	18,065	370	18,062	375	203	28	200	104	3.3%		
49	05/15/92	14:23:00	14:26:00	18,447	382	18,446	384	200	24	210	109	3.4%		
50	05/15/92	14:34:00	14:37:00	18,826	379	18,825	379	195	22	200	104	3.3%		
51	05/15/92	14:45:00	14:48:00	19,193	367	19,197	372	191	20	190	99	3.1%		
					方向修正									
52	05/15/92	15:36:00	15:39:00	19,546	353	19,586	389	162	19	250〜220	130〜114	4.1%〜3.6%		
53	05/15/92	15:45:00	15:47:00	19,900	354	19,982	396	134	18	220	114	3.6%		
54	05/15/92	15:52:00	15:55:00	20,229	329	20,343	361	109	18	220	114	3.6%		
55	05/15/92	15:59:00	16:02:00	20,567	338	20,717	374	84	17	220	114	3.6%		
56	05/15/92	16:07:00	16:10:00	20,896	329	21,085	368	60	18	220	114	3.6%		
				4,435	目標点から	4,475	目標点から							
57	05/16/92	9:11:00	9:14:00	4,137		4,145		39	22	300	156	4.9%		
58	05/16/92	9:20:00	9:27:00	3,903	−234	3,887	−258	23	23	300	156	4.9%		
59	05/16/92	9:52:00	9:55:00	3,529	−374	3,503	−384	14	23	270	140	4.4%		
60	05/16/92	10:30:00	10:33:00	3,184	−345	3,157	−346	13	21	280	146	4.6%		
61	05/16/92	10:39:00	10:42:00	2,809	−375	2,788	−369	12	19	280	146	4.6%		
62	05/16/92	10:49:00	10:52:00	2,544	−265	2,519	−269	13	17	260	135	4.2%		
63	05/16/92	11:00:00	11:03:00	2,069	−475	2,149	−370	13	15	260	135	4.2%		
64	05/16/92	11:12:00	11:15:00	1,793	−276	1,778	−371	11	12	260	135	4.2%		
65	05/16/92	11:22:00	11:25:00	1,442	−351	1,431	−347	11	8	250	130	4.1%		
66	05/16/92	11:32:00	11:35:00	1,063	−379	1,059	−372	9	4	245	127	4.0%		
67	05/16/92	11:41:00	11:44:00	693	−370	697	−362	9	0	245	127	4.0%		
68	05/16/92	11:55:00	11:58:00	341	−352	340	−357	4	−4	245	127	4.0%		
69	05/16/92	12:11:00	12:14:00	6	−335	0	−340	−2	−2	245	127	4.0%		

▶ 132 —— 一次曳家管理表

【台湾高雄駅舎】

[工事概要]

　台湾・高雄において，高雄地下鉄工事のために，旧高雄駅駅舎が支障をきたしていた。高雄駅は日本が台湾を統治していた昭和初期に建築された帝冠式建築物であり，保存のため，南東に約90m移動することとなった。中華民国90年10月（2001年）に最終設計が完了し，プロポーザル方式で国際入札となり，移動工事については台湾・清水建設と間瀬建設㈱のJVで実施した。

[施工細部説明]

a） 各種検討

①工法の検討

　最も適した移動工法を比較検討した結果，無浮揚総移動工法が提案された。

検討項目	①無浮揚総移動工法	②切断工法	③浮揚総移動工法	備考
建物への影響懸念度	◎ 少ない	× 高い	○ やや高い	
施工期間	◎ 短い	◎ 短い*	○ やや生じる	*補強次第
定着性	◎ 良好	× 好ましくない	◎ 良好	
補強の度合	◎ 少ない	× 多い	○ やや生じる	
施工期間	◎ 短い	○ やや短い	× 長い	
地下水の影響	× 受けやすい	◎ 受けない	× 受けやすい	
土工事（掘削量）	× 多い	◎ 掘削しない	× 多い	
経済性（コスト）	○ やや高い	○ 高い	○ やや高い	
安全性	◎ 高い	ケイスバイケイス	○ やや高い	

▶ 133──移動工法比較表

②移動のルート検討

　全体の地下鉄工事との工期を見据え，工法的にはコストが割高になるものの，最短で移動を完了し，既存位置を地下鉄工事に渡せる斜め移動のルートが提案された。

③既存躯体の補強方法

　既存基礎は，独立フーチングで地中梁がない部分や基礎下を掘るに当たり，地中梁断面が小さく，仮受けが困難な部位が多く見受けられた。

　RC増し打ち工法，カーボン補強工法，鋼板補強などを比較し，地中梁の新設（RC）と鋼板補強とした。

b） 山留め・土工事

　山留めは，シートパイル全面打ちとして地下水位を下げた。外部掘削は機械，建物内部はすべて人力とした。当初，建物にベルトコ

検討項目	工法 斜移動ルート①	工法 直移動ルート②	備考
次工事への工期的配慮	○ クリティカルパスが長い	◎ クリティカルパスが短い	
移動のための補強	× 必要	◎ 不要	
耐圧版施工範囲	× 広い・短い	○ 狭い・長い	
土工事量	◎ 少ない	○ 多い	
施工範囲	◎ 狭い	○ 広い	
移動機材	○ 多い	◎ 少ない	
転動装置の盛り替え	◎ 不要	× 必要	
コスト	○ ほぼ同額	○ ほぼ同額	
全体工期	◎ 少し短い	○ 少し長い	

▶ 134──移動ルート比較表

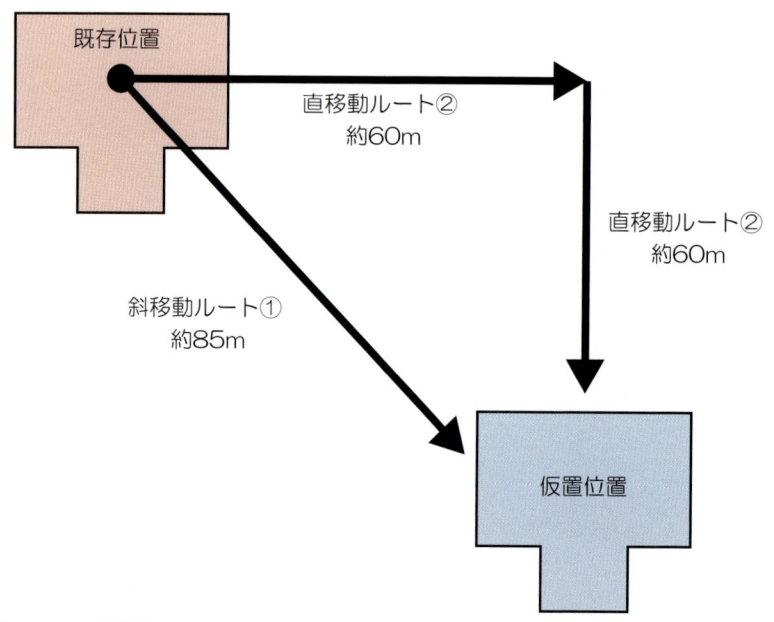

▶ 135──移動計画図

ンベヤーを使用する予定であったが，台湾で機械，器具のリースといったものがまったく行われていないので，すべて人力で施工した。

［移動工事］

使用機材（レールの調達，木製の楔，移動装置に使用する船形鉄板，H型鋼材はすべて台湾で賄えた。ジャッキ，ポンプなどの油圧機材のみ日本から輸出した。建物下の掘削，建物の仮受け，移動装置の取り付けなどは人力施工した。

移動は日本国内で行う方法とすべて同じで，順調に完了した。移動工事期間中は建物をライトアップし，屋台まで出て，お祭りのようであった。移動した建物は，現在博物館となっている。

▶ 136──地中梁補強

▶ 137──移動準備完了

▶ 138──移動中

▶ 139──移動完了

フランスの軍事技師，アゴスティーノ・ラメリ（1531～？年）の著書『さまざまな精巧な機械について』(1588年)からの図で，重い石塊を動かす方法を示している。労働者は重く扱いにくい記念碑を建設場所に移動しようとしているが，紀元前（8～9頁参照）に比べ，「コロ」と木製軌道の方法に替わった。さらに，ロープ・滑車・歯車を複雑に配置して作業を効率化している。かつて，古代のエジプト人が数百人を要した仕事を，数人の労働者がこなすようになった。

第Ⅲ章　家起こし

1. 家起こしの技術

　木造家屋の建前時に木組の柱，梁の歪みを取る大工鳶から派生した技術を進歩させ，特に木造建築物の傾きを修整する家起こし（建て起こしまたは曳き起こし）という技術がある。多くの曳家職人集団は，この家起こし技術にも習熟している。日本海側豪雪地帯は，冬季には積雪で民家や寺院の木組みが歪み，床下も湿気による腐りが多い。特に，寺院・神社は壁が少なく傾きやすく，雪が解けるとふすま，障子の開閉が困難になり，床下も腐って不安定になる。雪国の町鳶はこの家の傾きと基礎の修復に優れ，算段師とも呼ばれてきた。民家は寺社に比較して壁が多いが，地震時には壁が崩落し傾くことも多い。この被災した木造建築の修復に家起こし職人集団が参加し，この伝統技術により修復された例も多い。

　2007年の能登半島地震により被災した輪島市門前町黒島地区の伝統的民家（板本家）修復事例を，所有者の厚意により報告する。板本家は，黒島集落に特有な日本海側の気候に適合した瓦葺きの町屋様式の中庭と，格子を持つ住宅である。堅固な小屋組みと柱が多く，壁の少ない下部構造の剛性の差により，震度6強の揺れが観測された能登半島地震では，多くの柱が上部で折れて傾き，応急危険度判定では危険と判定された。昔からの集落である黒島地区は，板本家はもとより北前船の関係者が多く住み，良質の民家が多く，現在も良好に保存・居住され，地震前から多くの専門家が集落調査をしていた土地でもあった。

　調査スケッチのように多くの住宅が被災したが，板本家も周りからは解体・建替えという話も多く出た。板本氏は修復を強く望み，建築家たちに相談した結果，曳家技術者集団から専門技術者を紹介され，修復は可能と判断された。板本家修復の成功が広まり，多くの民家所有者が解体を避け，修復に向かったともいわれている。多くの被災住宅が修復後，住民と金沢工業大学や修復にあたった建築家たちの尽力により，震災後2009年4月には重要伝統的建造物群保存地区に指定された。震度6強の揺れで被災した地区が，短時間の復旧後，文化庁から指定された稀な例である。

　工事法は，簡単な工具で，経験により傾きを補正し固定する。各柱の倒れを修正するには，各柱頭の移動方向を固定するため，同時に2，3方向から曳く，あるいは押すなどの力を加える。通常は各柱脚を目的の方向に手動ジャッキで押す，同時にワイヤをチルホールで目的の方向に曳く。

　特にワイヤで曳く場合は，反力を得る固定端の設定が困難であり，

▶01——黒島地区被災直後の調査スケッチ（萩野氏作成）

　通常は地面を掘削し，地中に枕木を沈めワイヤの一端を引掛け反力を得ている。使用する器具はレバーブロック，手動ジャッキ（10t～20t程度），チルホール，布バンドなどの人の力で動かせる道具を使用している。布バンドを利用するのは，建物に傷をつけないようにするためである。

　梁が落ちたり，傾いたりした場合は，スクリュージャッキなどで持ち上げ，サンドルで保持し，柱で固定されたら取り外している。

　基礎が破壊された家屋は，土地さえ確保できれば新たな基礎を近くに造り，上屋を曳家で移動固定させる方法が採用されているが，移動できる土地がない場合は，そのままの場所で，建物下を掘削して，家屋を持ち上げ，建物下で新基礎をつくり，完成後建物を降ろ

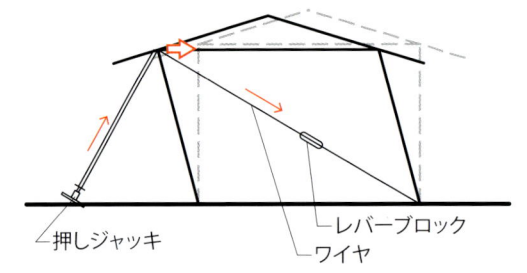

▶02——家起こし概要図

して緊結させる工法も採用できる。

　東日本大震災でも，多くの修復可能な住宅が解体された。被災地には，解体を進める意思が働きやすく（解体を進めたほうが儲かる勢力が強く），必要以上に解体されていく。被災者や建築に携わる人たちにはこのような職能を知れば，復興はより早く安価にできる。建物の建起こしにかかる費用は解体費とあまり変わらないので，技術を知っていれば，異なった復興方法が考えられる。

2. 家起こしによる民家修復方法

1）家起しによる補修方法

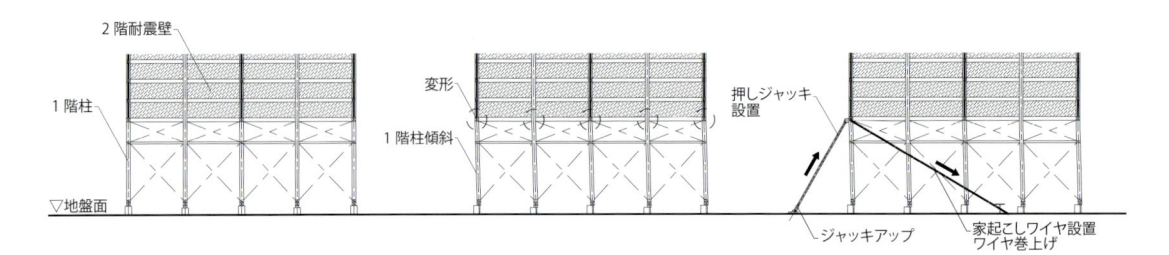

①地震前の状況
小屋組はほとんど壁の貫構造であり，1階部分は開放されている。

②地震被災後
壁量の多い小屋組と1階の境界で破断。

③家起こし
傾いた方から押しジャッキで押し，反対側はワイヤを巻き上げて曳き起こし，傾きを修正する。

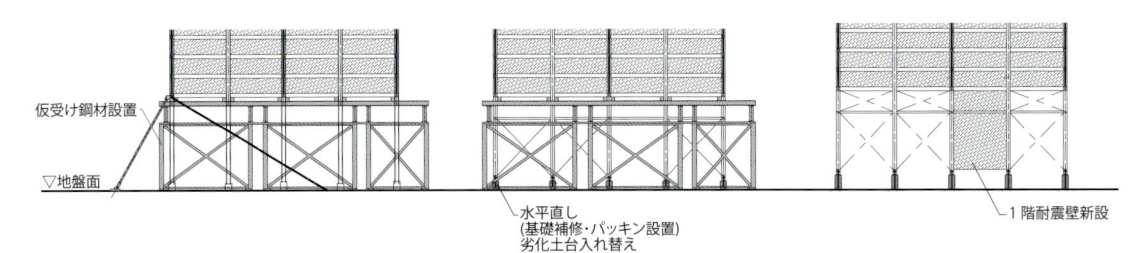

④レベル修正
ベントパイプなどの部材により建物内部で小屋組を支える。床組は撤去する。

⑤水平調整
ジャッキにより小屋組を仮受けし，レベルと位置を修正する。

⑥耐震補強
構造体を修正後，耐力壁（筋かい）を設置。床組と室内仕上げの復旧を行う。

2) 曳家による修復方法

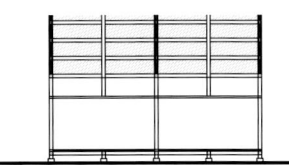

①地震前の状況
液状化しやすい地盤，または表層が移動しやすい地盤に建つ民家。

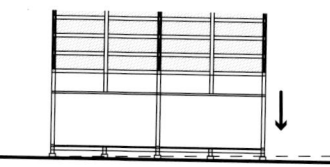

②地震時
液状化や地盤移動により不同沈下が生じ建物が傾く。

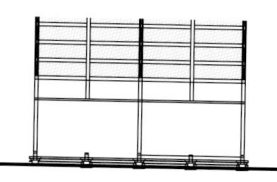

③曳家準備工事
基礎まわりを補強，柱下部を補強鋼材などの根搦でつなぎ，一体化する。

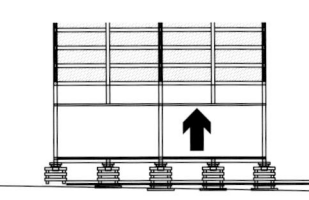

④ジャッキアップ工事
ジャッキアップにより水平にする。鋼材により建物を下から一体化。

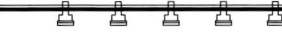

⑤新基礎工事
隣接した別な場所に地盤改良で地盤を補強し新しい基礎をつくる。

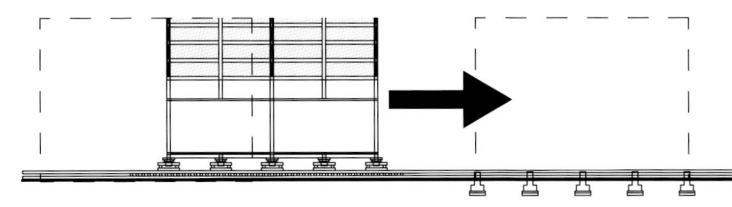

⑥曳家
移動用レールを設置し，新しい基礎の位置に移動する。

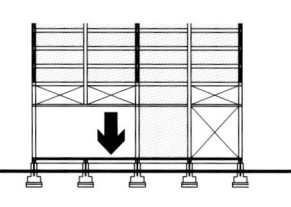

⑦定着
新しい基礎の上に移動した建物をジャッキダウンし，固定する。

3) 家屋を持ち上げて補修する方法

①地震前の状況
液状化しやすい地盤，または，表層が移動しやすい地盤に建つ民家。

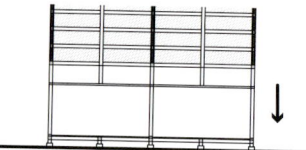

②地震時
液状化や地盤移動により，不同沈下が生じ，建物が傾く。

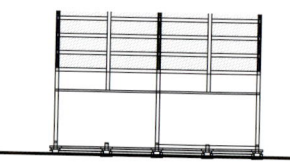

③ジャッキアップ準備工事
基礎まわりを補強，柱下部を補強鋼材でつなぎ，一体化する。

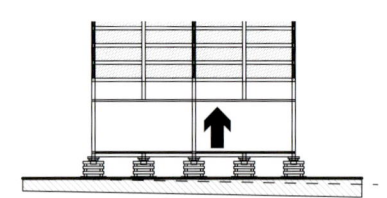

④ジャッキアップ工事
ジャッキアップにより水平にする。建物はサンドルなどにより，地下工事可能な状態を保持する。

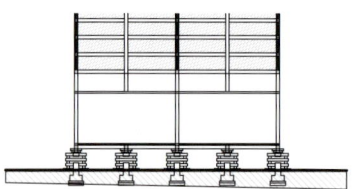

⑤新基礎工事
建物下の地盤改良を行い，新基礎を施工する。

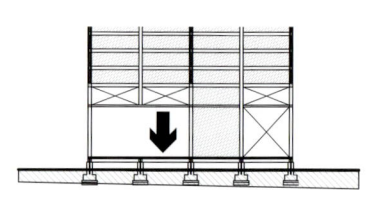

⑥定着
建物をジャッキダウンさせ，新基礎に定着する。その後，必要な耐震工事を行う。

▶03──根太，柱下部補強鋼材を設置し固定する

▶05──ハンドジャッキにより上昇

▶04──柱下部に補強鋼材を設置し固定する

▶06──サンドルにより支える

3. 家起こしの実施例

1）民家修復例

【石川県輪島市門前町黒島町　板本勝雄邸】

［補修設計］建築家・萩野紀一郎（輪島市　萩野アトリエ）

［家起こし］高辰組（新潟県南魚沼市）

［修復概要］2007年の能登地震により，建物が傾いたため，家起こしの技術を用いて傾斜を修復し，耐震補強を行った。

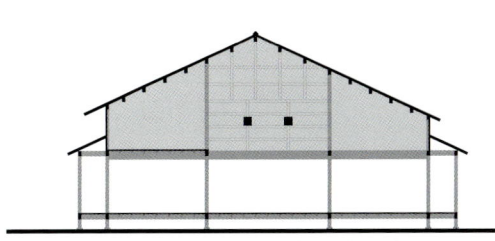

1. 門前（能登半島）の典型的民家

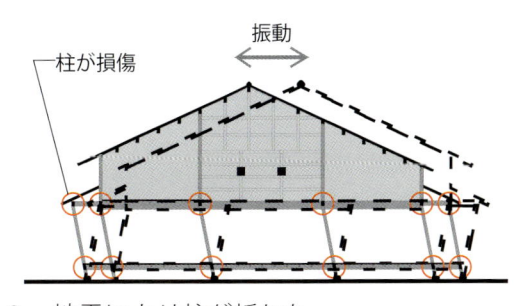

2. 地震により柱が折れた

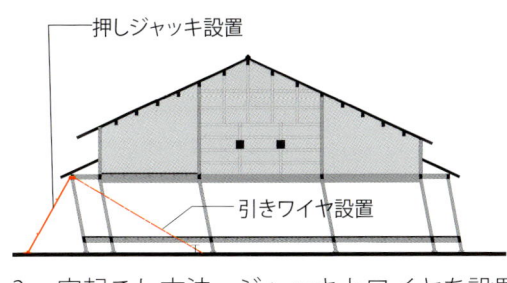

3. 家起こし方法。ジャッキとワイヤを設置

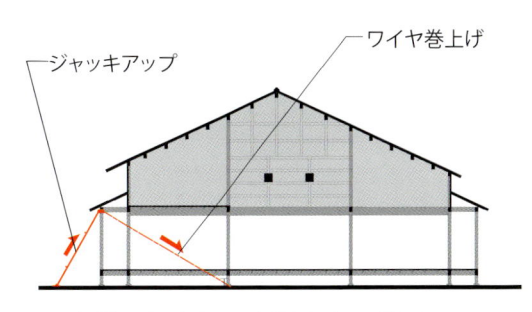

4. 家起こし完了。水平方向の修正

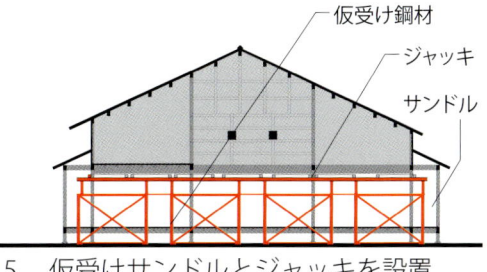

5. 仮受けサンドルとジャッキを設置

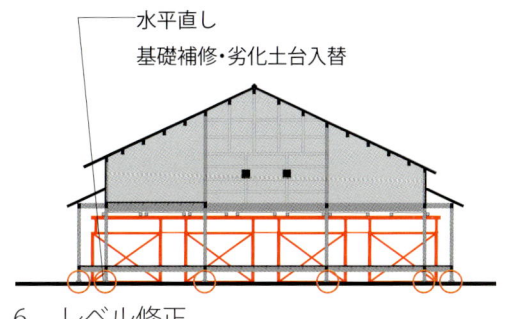

6. レベル修正

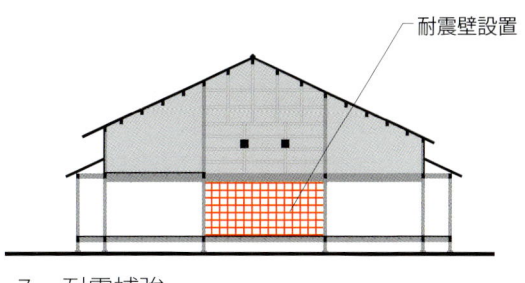

7. 耐震補強

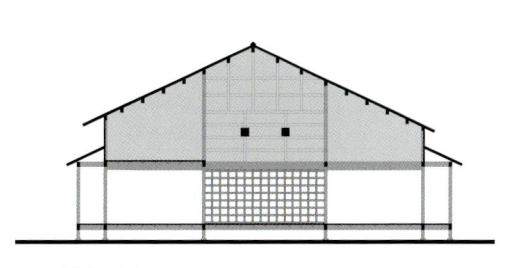

8. 補修完了

▶ 07──被災前の板本邸

▶ 11──被災直後の室内

▶ 08──家起こし前：柱の傾斜

▶ 12──家起こしの準備

▶ 09──家起こし作業：押しジャッキ，曳きワイヤ

▶ 13──サンドルの設置

▶ 10──被災後の状況

▶ 14──家起こしにより傾きが修復された家

▶15──修復された板本邸

▶17──チャノマからナカニワの景観も修復

▶16──修復された小屋組と内装

2) 歴史的建造物の修復例
【名古屋城天守閣】

　大規模な建築物の傾きを修復した事例として，1892年に名古屋城天守閣の傾斜修復工事が行われている。当時の新聞記事によると，名古屋城を築造した加藤清正が存命の頃より西南の方へ一尺四寸（約424mm）の傾斜あり，1891年10月の濃尾地震により，天守閣は幾分傾斜を増したため，陸軍省により修繕を行うこととなる。施工は名古屋建築会社により行われ，「社員及び各技士等五句有余間百方苦心したる末泰西の技術を借りず全く日本固有の工案を以て彼の傾斜を回復すべきの方法を考出し～」とあり，1892年11月25日から2日間で，80人程の手間をかけて「各種の大仕掛」によって傾斜を修復した。

▶18——「國會」1892年12月15日雑報より

【東大寺大仏殿】

　同時期に濃尾地震の被害を受けた東大寺大仏殿でも，内務省から派遣された技師・妻木頼黄により，柱の傾斜が実測された。柱頭部において，反時計回りのねじれが生じていたため，これを補正することを目的として，柱上部にワイヤを掛けて曳き起こす傾斜修復方

法を計画したが，1894年の日清戦争の影響による工事費用が上昇したため，計画は中止された。その後，1898年に大仏殿が特別保護建造物に指定され，修理計画を見直し，鋼製トラスと鉄骨による柱補強による修理を1907年に着工した。この修理では大伽藍の曳家工事も行われており，芝区通新町の松岡七左衛門が工期8か月，22,000円にて下請したとされている（日本建築学会「建築雑誌」第二百七十号，1909年6月25日）が，曳家工事の詳細は不明である。

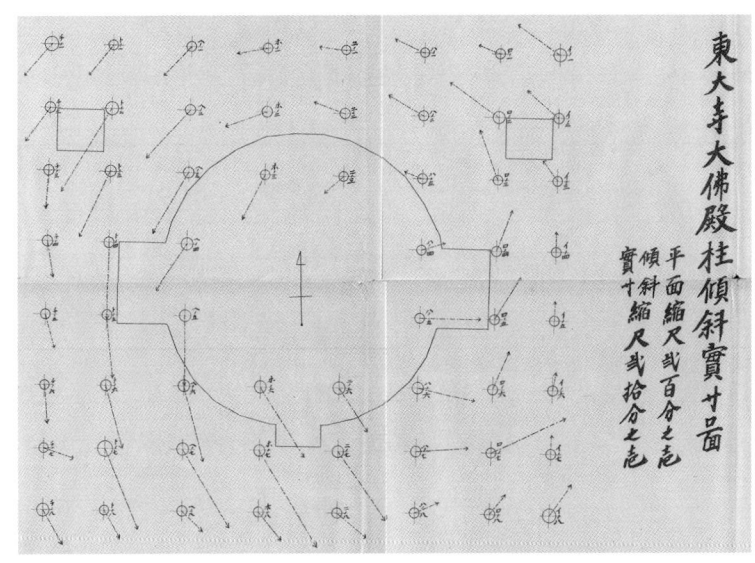

▶ 19──柱傾斜実寸図（東大寺明治修繕実測図：日本建築学会図書館蔵）

3）昭和・平成の建物沈下修復

1964年6月16日午後，新潟県沖を震源とするマグニチュード7.7の大地震によって，至る所でクイックサンド，液状化現象が起こり，当時の新潟市には鉄筋コンクリート造の建物1,350棟あり，そのうちの340棟余りが沈下，傾斜，倒壊などの被害を受けた。この中で，傾斜か沈下した建物のほとんどは上部構造に被害がなく，基礎構造部，特に杭の損傷や，基礎の沈下が原因であった。そのうち40数棟が修復された。特に安部工業所が担当したのは30数棟あり，労働福祉センタービル，白山高等学校，新潟東警察署などの傾斜修復を手がけた。

1995年の阪神・淡路大震災でも，杭が損傷し，傾いた多くの建物が修復された。しかし時代が下がるにつれ，修復されることがなく撤去される建物が多くなっている。これはこの復元工法があまり知られてなく，建築を生業とするものですら知識が乏しい。このために，復元の技術を104頁で再度紹介する。また，木造などの軽量の建造物も傾斜を修正するのは，困難な作業ではないことも併せて紹介したい。

4. 伝統的な安全性の維持の技術

1) 建物の持ち上げ方

片側を固定し，左右を交互に持ち上げる。

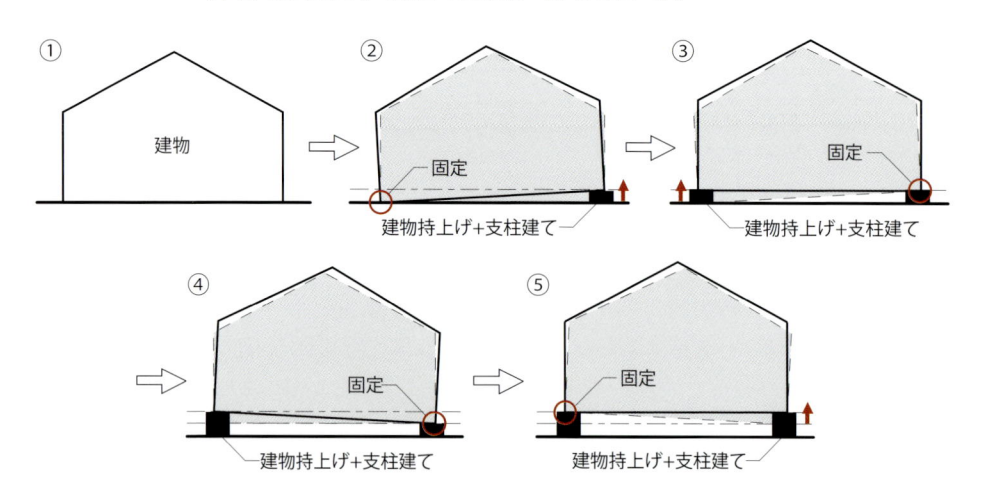

2) 建物下の掘削方法

建物の水平を保つために，左右交互に掘削する。

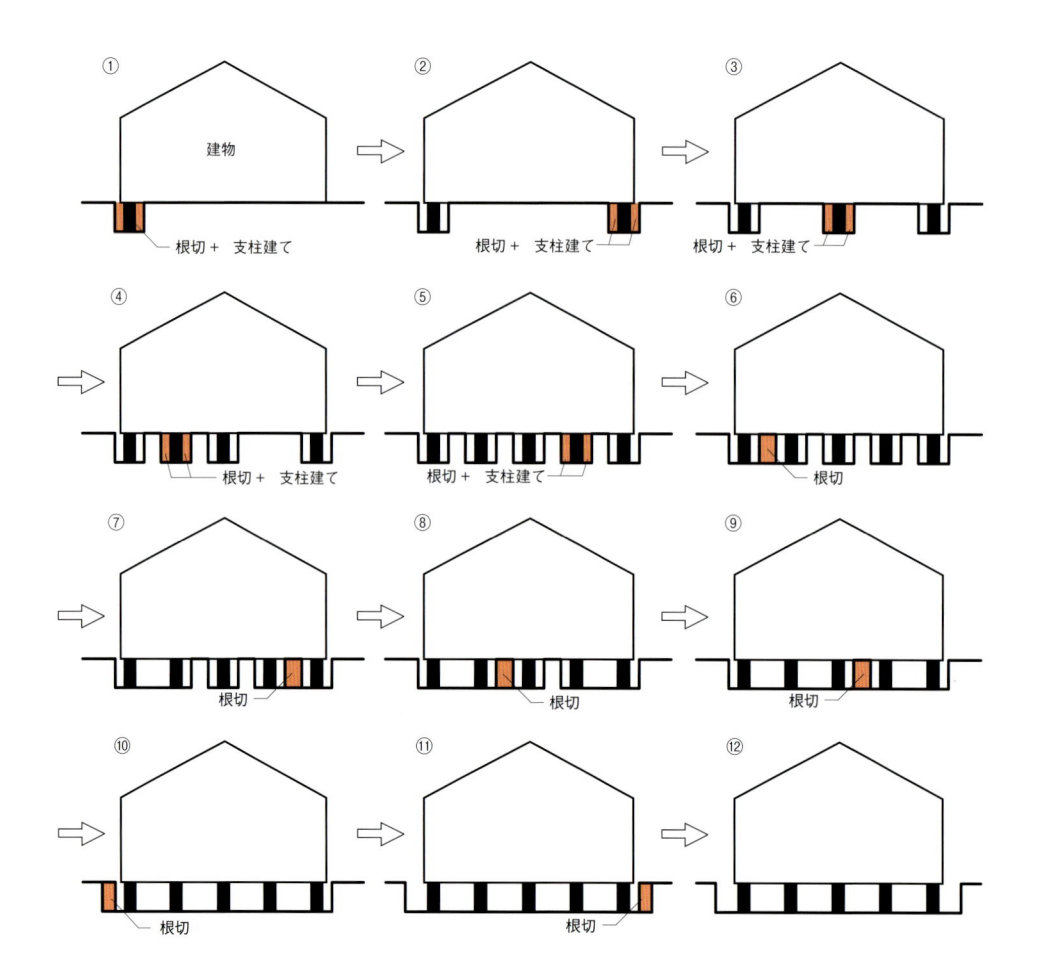

5. 重量建造物のレベル修復技術

1) ジャッキダウンによるレベル修正例

1997年に，SRC造（一部PC造），地下1階地上6階建，延床面積33,400m^{2}の建物の不同沈下に伴う余分な内部応力を減少させるため，建物の一部分の傾斜を杭を切断し，ジャッキダウンによって修正，上部躯体を鉄骨ブレースなどによって耐震補強した事例の地下工事概要を紹介する。

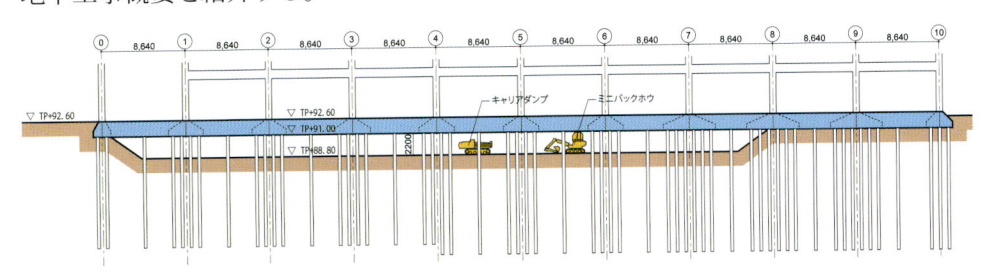

▶ 20 ── 基礎下工事断面図

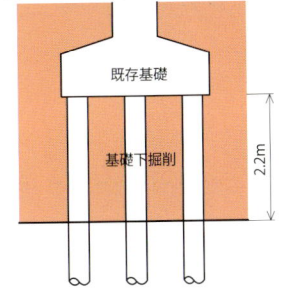

① 山留め・掘削（基礎下2.2m）

▶ 21 ── 基礎下人力掘削

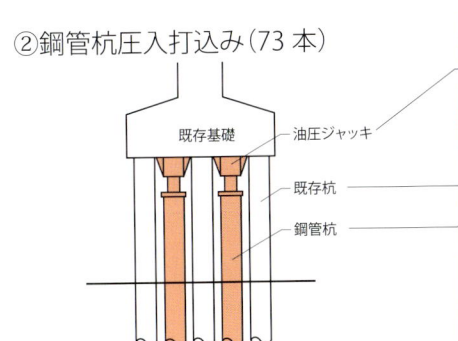

② 鋼管杭圧入打込み（73本）

▶ 22 ── 鋼管杭圧入（アンダーピンニング）

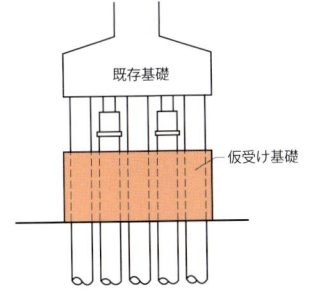

③ 仮受け基礎新設（18か所）

▶ 23 ── 仮受け基礎配筋状況

④既存杭切断，荷重盛替（230本）

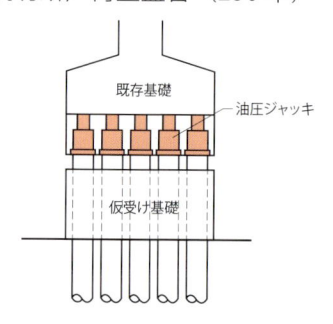

▶ 24──ジャッキダウン前

⑤ジャッキダウン（0〜−120mm）

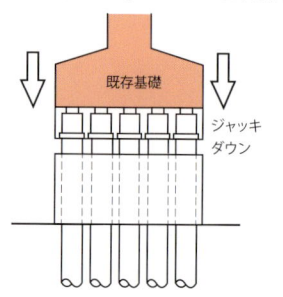

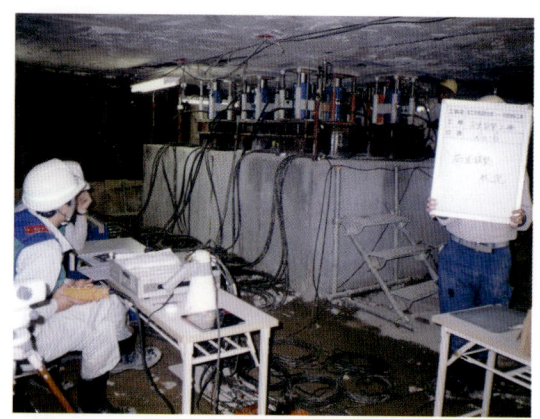

▶ 25──ジャッキダウン工事状況

⑥定着体構築，空隙グラウト充填

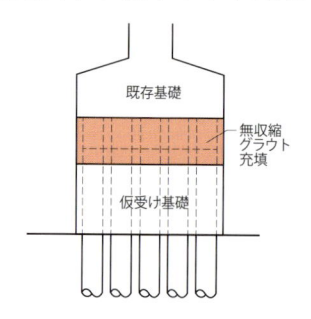

▶ 26──基礎配筋状況

⑦埋め戻し

⑧耐震補強工事

▶ 27──定着体構築

2）ジャッキアップによる傾斜修復例

　東日本大震災で被災した福島県の壁構造5階建集合住宅では，杭頭部分が損傷，建物が傾斜し，ねじれたことから，既存基礎下に仮受け鋼管杭を設置し，既存杭頭補強後，ジャッキアップにより建物を水平に戻す工事を行った。

［被災後の建物の傾き］

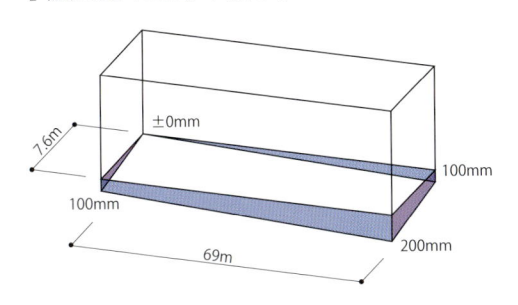

［一次ジャッキアップ］
±0を通る長辺を固定軸として，短辺方向の傾き100mmをジャッキアップする。

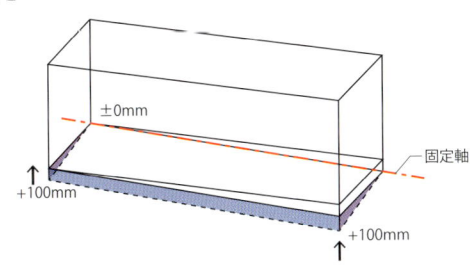

［二次ジャッキアップ］
±0の短辺を固定軸として，長辺方向の傾きを補正し，建物を水平に戻す。

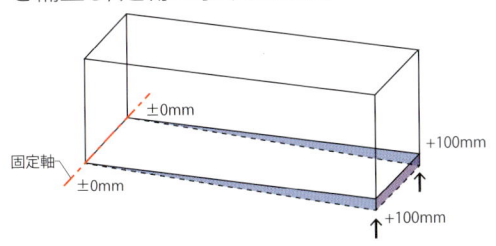

▶ 28──山留め状況

▶ 29──ジャッキアップによる嵩上げ

3）学校建築のジャッキアップによる傾斜修復例

　同様のジャッキアップによる傾斜修復工事は，阪神・淡路大震災でも行われた。芦屋市立浜風小学校（RC3階建，重量約1,600t）は約5か月の工期で，基礎下にコンクリートを打設し，これを反力材としてジャッキで500mmの嵩上げを行っている。

▶ 30──浜風小学校校舎ジャッキアップ工事

あとがき

　本書は，大谷研究室で千葉市美術館・中央区役所設計・監理を担当した岡部則之と，当時曳家工事を実施した間瀬建設株式会社で担当した才上政則が，曳家について共同で調査した成果である。その間，地震被災復興現場で，家起こし・建て起こしの経験を新たなメンバーの宮崎貴重とともに学んだ。

　第Ⅰ章と第Ⅱ章は岡部則之と才上政則が共同で執筆し，第Ⅲ章は岡部則之と宮崎貴重が共同で執筆した。全体は岡部則之がまとめた。

　本調査と執筆に際し，多くの専門家の協力を得た。特に，間瀬建設株式会社の創立者である故間瀬敬己氏，間瀬建設株式会社元技術部長の故斎藤春夫氏，現役の皆川正信氏のほか，多くの間瀬建設株式会社の技術者，旧株式会社安部工業所・現株式会社安部日鋼工業営業管理本部企画部長の松山高広氏，同社建築事業部営業担当部長の岡本周治氏，株式会社高辰組の高橋辰夫氏，ほか多くの算段師の方々，清水建設株式会社元建築本部技術部の小菅碩平氏，鹿島建設株式会社技術研究所の担当者，株式会社間組（現・株式会社安藤ハザマ）の資料室の方々。さらには，黒島で被災され，復興に尽力された板本勝雄氏をはじめ多くの黒島の住民の方々のご厚意，輪島と東京で活躍されている建築家・萩野紀一郎氏，被災当時黒島の集落の復興をリードしていた当時金沢工業大学准教授の中森勉氏，多くの時間を割いていただいた靖国神社遊就館権禰宜の野田安平氏には，筆者一同深く御礼を申し上げ，実施に際して反対意見が多い中で，曳家による保存工事を敢然と承諾した当時の千葉市市長以下の

行政職の方々に深く感謝を捧げる。

　私たちがこの知識を深めようとしたきっかけは，岡部の師である大谷幸夫先生の建築への思いからであった。都市は歴史と文化の連綿とした蓄積の結果であり，私たち建築家は歴史の本質を繋がなくてはならない。それは単に顔を剥がして，貼りつける無責任な手法ではなく，昔からの実体を新しい建築は保護しなければならない。それを実現する技術が曳家であった。同時に，大谷先生の親しい建築家であった内田祥哉先生もこの技術の本質を理解し，この技術の広い展開を希望されており，大谷幸夫先生は生前千葉市美術館・中央区役所の設計をはじめ，曳家の採用を反対されたときに，内田祥哉先生ならこの技術を理解してくれるなと話されていた。このように私がお世話になった両先生に，本書を持ってお礼を申し上げたいと思う。

　本書は，財団法人建築技術教育普及センターの平成24年度調査・研究事業により，作成・出版されたものである。

平成 25 年 9 月吉日
曳家研究会
岡部則之
才上政則
宮崎貴重

参考文献

菊田　忠　『安部工業所五十年史』　株式会社安部工業所，1999 年
豊島光夫　『にっぽん建築技術異聞』　日刊建設工業新聞社，1994 年
靖国神社　『靖國神社神門竣成記念写真帳』　靖国神社社務所，1934 年
靖国神社　『青銅華表記』　靖国神社社務所
渡辺篤三郎　『新宿聚楽ビル曳方移転工事施工記録』　東京都第三区画整理事務所
Edmund Astley Prentis and Lazarus White. UNDERPINNING. Columbia: Univ. Press new yory, 1950.
Edmund Astley Prentis and Lozarus White
Robert Soulard A HISTORY OF THE MACHINE New Jerssey 1963
Peter Tompkins SECRETS OF THE GREAT PYRAMID Harper Colophon Books 1971

引用文献

甲野繁夫他　「高層建築物の移転」『鹿島建設技術研究年報』Vol.4，1953 年，38-50 頁
戸田英懐　「東大寺大佛殿柱傾斜実寸図」『東大寺大佛殿明治大修繕』，1897 年，89 頁
著者不明　「名古屋城の大修繕」『國會』第 627 号，國會新聞社，1892 年，第 5 面
著者不明　「奈良大佛殿修繕着手」『建築雑誌』第 270 号，日本建築学会，1909 年，51 頁

写真提供

株式会社安部日鋼工業（旧安部工業所）
株式会社安藤ハザマ（旧間組）
板本勝雄
大谷研究室
株式会社高辰組
間瀬建設株式会社
靖国神社
有限会社岡部則之計画工房

【著者略歴】

岡部則之（おかべ　のりゆき）

1941年	福島県生まれ
1966年	東京大学工学部建築学科卒業
1966年	株式会社交通建築設計事務所勤務
1967年	デンマーク王立建築大学大学院留学終了
1967年	ロレンツアンドピアス建築事務所入社
1968年	株式会社大谷研究室入社
1989年	株式会社大谷研究室取締役
1996年	一級建築士事務所 有限会社岡部則之計画工房設立
現在	一級建築士事務所 有限会社岡部則之計画工房代表取締役

主な著書
「建築文化別冊　東京都立大学基本計画」彰国社，1992年
「建築計画設計シリーズ17　研究所―国立環境研究所―」市ヶ谷出版，1993年
「国立京都国際会館の外壁補修について」PROOF1995年6月号，工文社，1995年
「鞘堂方式による保存の手法と工法」建築技術，1992年

才上政則（さいじょう　まさのり）

1955年	山口県生まれ
1978年	近畿大学工学部建築学科卒業
1978年	株式会社間瀬コンサルタント入社
1985年	間瀬建設株式会社入社
現在	間瀬建設株式会社 取締役工事部長兼技術部長

宮崎貴重（みやざき　たかしげ）

1975年	群馬県生まれ
1999年	長岡造形大学造形学部環境デザイン学科卒業
1999年	一級建築士事務所　有限会社岡部則之計画工房入社 現在に至る
2012年	長岡造形大学造形学部非常勤講師

曳家・家起こしの技術

発行	2013年10月19日　第1刷
著者	曳家研究会
	岡部則之／才上政則／宮崎貴重
発行者	橋戸幹彦
発行所	株式会社建築技術
	〒101-0061 東京都千代田区三崎町3-10-4 千代田ビル
	TEL 03-3222-5951　FAX 03-3222-5957
	http://www.k-gijutsu.co.jp
	振替口座 00100-7-72417
造本デザイン	春井裕（ペーパー・スタジオ）
DTP組版	株式会社三光デジプロ
印刷・製本	川口印刷工業株式会社

落丁・乱丁本のお取り替えいたします。
ISBN978-4-7677-0140-0
ⓒ Noriyuki Okabe, Masanori Saijyou, Takasige Miyazaki